编审人员

主 审

刘 艳　王敬锋

主 编

周志强　徐炅旸

编写人员

柴树山　肖鹏飞　刘智洋　王泽旭　戴依浇　刘海平
饶众博　董 萌　刘 君　徐鹏飞　徐炳欧

普通公路安全隐患突出点段治理典型案例

公安部道路交通安全研究中心 编

人民交通出版社
北京

内容提要

本书根据近年来普通公路安全隐患排查治理实践,选取我国不同地区、不同类型、有代表性的道路点段,介绍道路基本情况、主要隐患及安全问题,梳理总结治理思路,通过照片对比,直观阐述隐患治理措施和成效,凝练出可复制推广的治理经验,为隐患排查治理工作提供参考。

本书可作为公安机关交通管理部门、交通运输部门、公路经营与管养等单位开展公路安全隐患排查治理的技术参考书,也可供高等院校相关专业师生阅读参考。

图书在版编目(CIP)数据

普通公路安全隐患突出点段治理典型案例 / 公安部道路交通安全研究中心编 . —北京:人民交通出版社股份有限公司, 2024. 12. — ISBN 978-7-114-19681-2

Ⅰ. U415.12

中国国家版本馆 CIP 数据核字第 202438UT36 号

Putong Gonglu Anquan Yinhuan Tuchu Dianduan Zhili Dianxing Anli

书 名:	普通公路安全隐患突出点段治理典型案例
著 作 者:	公安部道路交通安全研究中心
责任编辑:	李 佳
责任校对:	卢 弦
责任印制:	张 凯
出版发行:	人民交通出版社
地 址:	(100011)北京市朝阳区安定门外外馆斜街3号
网 址:	http://www.ccpcl.com.cn
销售电话:	(010) 85285857
总 经 销:	人民交通出版社发行部
经 销:	各地新华书店
印 刷:	北京市密东印刷有限公司
开 本:	787×1092 1/16
印 张:	12
字 数:	224千
版 次:	2024年12月 第1版
印 次:	2024年12月 第1次印刷
书 号:	ISBN 978-7-114-19681-2
定 价:	88.00元

(有印刷、装订质量问题的图书,由本社负责调换)

前言
PREFACE

目前，我国公路总里程已突破540万km，且每年仍保持约8万km的增幅。公路建设发展在满足人民群众出行需求及社会生产需求的同时，带来的交通安全问题不容忽视，特别是普通公路，由于交通出行方式、出行工具多样，交通冲突多、混行严重，加之道路场景多样，部分道路安全设计不完善、基础交通安全设施缺失，导致交通事故易发，交通安全风险十分突出。

为有效防范化解公路交通安全风险，推动交通安全治理模式向事前预防转型及交通管理提质增效，2022年以来，公安部部署各地公安交管部门持续开展普通公路安全隐患突出点段治理重点攻坚项目，针对急弯陡坡路段、临水临崖路段、穿村过镇路段、平交路口等，通过完善基础交通安全设施、实施道路升级改造、运用科技手段等，有效提升了公路交通安全水平。为巩固重点攻坚项目成效，促进经验分享交流，公安部道路交通安全研究中心在总结梳理各地治理经验做法的基础上，编制了《普通公路安全隐患突出点段治理典型案例》，为各地开展工作提供参考。

本书聚焦普通公路典型交通安全隐患，划分为"典型路段优化提升""典型路口优化提升""突出问题专项提升"3篇，共6章，遴选了45个典型案例，每篇分别总结了普通公路隐患点段的主要风险、排查重点，以及治理对策，并选取典型案例予以剖析，详细说明了隐患点段的安全问题，给出优化思路及具体措施，通过对比治理前后效果,归纳总结可参考借鉴的治理措施。

  本书在编写过程中,得到了各地公安交管部门的大力支持与帮助,在此一并感谢,同时,受限于相关案例信息的采集,书中难免有不足之处,敬请各位读者批评指正。

编　者

2024年12月

目录
CONTENTS

第一篇 典型路段优化提升

第一章 典型路段风险与隐患排查重点、隐患治理措施综述 …………………… 002
 第一节 穿村过镇路段 …………………………………………………………… 002
 第二节 急弯、弯坡、长下坡、临水临崖路段 ………………………………… 003
 第三节 桥隧路段 ………………………………………………………………… 004
 第四节 长直线路段 ……………………………………………………………… 005

第二章 典型路段隐患排查与治理案例 ……………………………………………… 006
 第一节 穿村过镇路段 …………………………………………………………… 006
 第二节 急弯路段 ………………………………………………………………… 030
 第三节 弯坡路段 ………………………………………………………………… 042
 第四节 长下坡路段 ……………………………………………………………… 056
 第五节 临水临崖路段 …………………………………………………………… 064
 第六节 桥隧路段 ………………………………………………………………… 075
 第七节 长直线路段 ……………………………………………………………… 086

第二篇　典型路口优化提升

第三章　典型路口风险与隐患排查重点、隐患治理措施综述 ············ 093
  第一节　大型平交路口 ············ 093
  第二节　小型平交路口、路侧接入口 ············ 094
  第三节　畸形路口 ············ 094
第四章　典型路口隐患排查与治理案例 ············ 096
  第一节　十字形路口 ············ 096
  第二节　T形路口 ············ 106
  第三节　Y形路口 ············ 115
  第四节　畸形路口 ············ 122
  第五节　路侧接入口 ············ 134

第三篇　突出问题专项提升

第五章　公路点段其他突出风险与隐患排查重点、隐患治理措施综述 ············ 147
第六章　公路点段其他隐患排查与治理案例 ············ 151
  第一节　强化桥梁邻接路段安全防护 ············ 151
  第二节　保障公路沿线停车需求 ············ 153
  第三节　解决货车右转安全问题 ············ 157
  第四节　清除视距不良安全隐患 ············ 161
  第五节　改善行人过街安全 ············ 164
  第六节　有效应对恶劣天气多发 ············ 169
  第七节　清理马路市场　消除安全隐患 ············ 173
  第八节　提高路面抗滑性　应对湿滑路段 ············ 176
  第九节　化解道路横断面突变安全隐患 ············ 178

第一篇

典型路段优化提升

本篇所述的普通公路典型路段包括穿村过镇、急弯、弯坡、长下坡、临水临崖、桥隧、长直线等路段。

第一章

典型路段风险与隐患排查重点、隐患治理措施综述

第一节 穿村过镇路段

一、存在风险

交通出行方式多，交通环境复杂，机动车、非机动车、行人混行多，非机动车和行人横穿公路现象多，交通冲突点多，机动车碰撞非机动车及行人事故易发。

二、隐患排查重点

一是村庄、地名、注意行人、限速（解除）等交通标志的设置情况。

二是平交路口交通组织是否合理，人行横道线、预告标志及预告标线，以及二次过街安全岛等过街设施设置情况。

三是非机动车安全保障情况，如公路硬路肩宽度能否满足非机动车安全通行，机非混行严重路段是否设置机非隔离设施等。

四是公路中央及路侧开口是否过密或存在开口隐蔽等情况。

三、隐患治理措施

一是强化警示提示，如设置注意村庄、注意行人等交通标志，道路开口处加装爆闪灯。

二是规范交通秩序，如设置中央护栏，防止非机动车及行人随意横穿公路，设置隔离设施进行机非分离，完善行人过街设施，在过街密集点段设置交通信号灯规范过街秩序。

三是控制安全车速，如设置限速（解除）标志，施划减速标线，设置区间测速抓拍设备，采取交通稳静化等措施。

四是规范设置道路开口，如合并或封闭部分开口，修剪绿植，移除障碍，保障

视距。

五是规范停车秩序，如规划专门的停车场、临时停车位，治理路侧随意停车现象。

六是改善夜间事故易发点段的道路照明条件。

第二节　急弯、弯坡、长下坡、临水临崖路段

一、存在风险

道路线形较为复杂，且普遍伴随视距不良。驾驶人易操作不当导致车辆偏离正常行驶路线，闯入对向车道或冲出路外。货车在长下坡路段行车易发生制动热失效，从而导致车辆失控。

二、隐患排查重点

一是急弯、连续下坡、禁止超车（解除）、限速（解除）等交通标志设置情况。

二是道路中心线、车道边缘线、减速标线等交通标线设置情况。

三是道路视距情况，如弯道内侧是否存在山体、绿化植被等障碍物遮挡视距。

四是轮廓标、线形诱导标等行车诱导设施设置情况。

五是路侧险要点段的安全防护设施情况，防护等级能否满足要求。

三、隐患治理措施

一是强化提示预警，如设置急弯警告、"前方连续下坡×××公里"预告、事故易发路段等交通标志。

二是控制安全车速，如设置限速（解除）标志、施划减速标线、设置区间测速抓拍设备等。

三是规范行车秩序，如在视距不良路段施划道路中心黄色实线，并设置禁止超车（解除）标志，防止车辆逆行、强超强会。

四是保障安全行车视距，如削减遮挡视距的山体、绿化植被等，拓宽弯道路面。

五是完善临水临崖路段的路侧防护，视情提升防护等级。

六是在长下坡路段完善避险车道、货车加水站、路侧紧急停车带等货车安全辅助设施。

普通公路安全隐患突出点段治理典型案例

第三节 桥隧路段

一、存在风险

进入桥隧前容易存在车道数减少等横断面突变情况，驾驶人应对不及易引发事故。同时，桥梁路段易受不利天气的影响，如横风、道路结冰。隧道路段缺少照明设施和行车诱导设施也易引发事故。

二、隐患排查重点

一是桥隧信息预告提示、限速（解除）、禁止超车（解除）等交通标志的设置情况。

二是道路中心线、车道分界线、减速标线、过渡段导流线等交通标线的设置情况。

三是路面的抗滑性能是否满足要求。

四是隧道内的照明条件及视线诱导设施情况。

五是对恶劣天气和突发事件的监测和应对能力是否满足要求。

六是隧道洞口端墙是否暴露于迎车面。

七是隧道内是否存在机非混行。

三、隐患治理措施

一是强化提示引导，完善提示警示交通标志，在横断面发生变化的路段施划引导过渡标线，设置安全护栏，做好行车过渡诱导。

二是规范行车秩序，施划道路中心黄色实线、设置禁止超车（解除）标志，防止车辆逆行及强超强会。

三是控制安全车速，设置限速标志、施划减速标线、完善电警抓拍布设。

四是改善隧道内照明条件与行车诱导。

五是改善易湿滑路面的抗滑性能。

六是完善视频监控、恶劣天气监测预警等设备。

七是洞外路段护栏应延伸至洞内隧道壁，防止车辆与隧道洞口端墙相撞。

八是优化提升硬路肩和隧道检修道，重新布置横断面，实现机非分离。

第四节　长直线路段

一、存在风险

行车环境较为单调，驾驶人容易疲劳驾驶或分心驾驶；同时，由于道路线形平直，行车条件好，驾驶人容易超速驾驶。

二、隐患排查重点

一是限速、事故易发路段等交通标志的设置情况。

二是道路中心线、减速标线等交通标线的设置情况。

三是路侧净区情况，如路侧净区内是否存在障碍物且无护栏防护加重车辆冲出路外事故后果。

三、隐患治理措施

一是强化警示提示，如设置事故易发路段标志、声光电警示设备、振动标线等，防止驾驶人疲劳驾驶、分心驾驶。

二是控制安全车速，如设置限速标志、减速标线、电警抓拍，遏制超速违法行为。

三是保障路侧安全净区，清理路侧障碍物，防止车辆冲出路外后碰撞加重事故后果，路侧净区不符合规范要求的，应设置护栏。

第二章 典型路段隐患排查与治理案例

第一节 穿村过镇路段

一、宁波市 S307 穿村过镇路段

（一）道路基本情况及问题分析

1.基本情况

S307 北上线宁波段起自宁波北仑区，经由镇海区、江北区、余姚市，止于绍兴上虞界（图 2-1），总里程 119km，全线以一级公路为主，共 108km（占比超 91%），设计速度 60km/h 及以上，路基标准横断面以双向四车道及六车道为主。

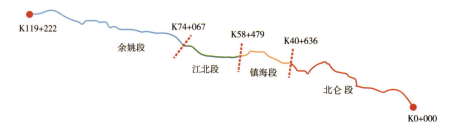

图 2-1　S307 北上线宁波段示意图

S307 北上线宁波段是连接宁波舟山港的东西向大通道、大走廊，对于发展旅游经济、促进产业聚集具有重要意义。该路段串联 4 个县（区、市），沿线开发强度高，景区及产业集聚，穿城镇段占比大，公路交通安全保障压力大。

2.主要问题

（1）农村和城乡接合部地区存在交叉口过多、隔离防护缺失、标志标线淡化、视距不良、路灯照明不足等问题。

（2）重点车辆风险隐患仍然较为突出，主要存在违法载人、横穿道路、闯红灯等违法行为。

（3）重点群体安全意识薄弱问题仍然较为突出。事故主要集中在老年人、外来务工人员两大群体，这两类人群存在不靠道路右侧行走、在机动车道逗留等行为。

（二）优化方案

1.治理思路

一是以整治穿村点段为重点，提升路段安全水平；二是以提升通行效率为核心，规范交叉路口秩序；三是以提升安全水平为导向，完善公路交通安全设施；四是以强化现场管理为抓手，提升交通安全秩序；五是以科技装备赋能为引擎，提高设施智能水平；六是以数字管理平台为统领，精准研判安全隐患。

2.具体措施

1）以整治穿村点段为重点，提升路段安全水平

（1）行人、非动车密集段，设置机非隔离设施，充分保障行人及非机动车路权。

（2）路段增设中央隔离设施，防止行人随意横穿道路。

（3）非信号灯路口设置警示设施，降低行人穿越公路风险。

（4）设置Z字形人行过街设施，降低行人过街风险。

（5）增加信号灯控制设施，规范交叉口通行秩序。

（6）人行横道线处，加强路灯照明，增加夜间视认性。

2）以提升通行效率为核心，规范交叉口秩序

（1）合理归并交叉口，提升整体道路通行效率。

（2）平交口渠化改造，提升交叉口通行能力。

（3）设置右转保护，保障行人及非机动车路口通行安全。

（4）平交口通视三角区障碍物整治，提升交叉口安全水平。

3）以提升安全水平为导向，完善公路交通安全设施

（1）精细化设计波形梁护栏端部。

（2）加强重点路段标线设计。

（3）依托省道命名编号调整，全线路径指引标志标准化设计。

（4）应用新材料、新工艺。

4）以强化现场管理为抓手，提升交通安全秩序

（1）实施易肇事肇祸交通违法靶向打击。

（2）建立劝导员队伍，进行交通安全宣传、交通违法纠违劝导和对轻微的交通事故快速处理。

（3）建立沿线100人以上企业单位交通安全门岗制度。

（4）强化公路超限非现场执法，放大联合执法效应。

5）以科技装备赋能为引擎，提高设施智能水平

（1）构建道路隐患治理系统，提升管理智能化水平。

（2）关键路段绿波控制，提高路段通行效率。

（3）探索应用自适应信号灯控制，提升信号灯设备灵活性。

（4）采用太阳能警示柱，提升事故报警及时性。

（5）应用感应小喇叭，规范路口通行秩序。

6）以数字管理平台为统领，精准研判安全隐患

（1）应用"全量事故信息采集系统"，实现事故信息全要素采集分析研判。

（2）应用交通设施管理平台，实现交通设施全周期监测管理。

（三）效果对比分析

1.完善机非隔离

治理前，未设置机非隔离设施，如图2-2所示；治理后，在行人、非机动车密集段，增设机非弹性隔离护栏，充分保障行人及非机动车路权，如图2-3所示。

图2-2 治理前：无机非隔离设施

图2-3 治理后：设置机非隔离护栏

2.增设中央隔离设施

针对行人为了减少绕行距离不走人行横道、随意穿越中央隔离带现象，在此现象频发路段设置防穿越隔离设施，防止行人随意横穿道路，如图2-4所示。

3.完善警示设施

在支路汇入主路前合适位置设置自动感应小喇叭，当有行人要通过且主路有车经过时，自动发声提醒行人观望等候，确保安全后再横穿公路，降低行人穿越公路风险，如图2-5所示。

图 2-4　治理后：中央隔离带设置防攀爬栏杆

图 2-5　治理后：设置小喇叭

4.应用Z字形过街设施

当路段上设置人行横道线时，采用正 Z 字形人行横道线，中央隔离带设置等候区并强制减速等候观望过街，降低行人过街风险，如图 2-6 所示。

图 2-6　治理后：设置 Z 字形人行横道线

5.加强道路照明

人行横道线处，完善照明设施，加强夜间视认性，如图 2-7 所示。

图 2-7　治理后：完善人行横道处照明设施

6.设置右转保护

针对宁波 S307 货车通行比例高、货车右转交通事故频发等特点，重点路口设置右转保护安全设施，避免因货车内轮差且存在视觉盲区，导致右转货车与交叉口等候的非机动车发生交通事故，保障行人及非机动车路口通行安全，如图2-8所示。

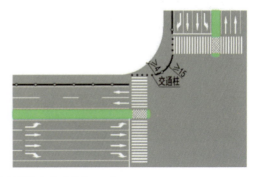

图2-8　治理后：平交路口右转保护方案（单位：m）

7.清理通视三角区障碍物

通视三角区绿化隔离带及路侧绿化矮化处理，保证交叉口视距，提升交叉口安全水平，如图2-9所示。

图2-9　治理后：绿化隔离带端头矮化处理

8.加强标线设计

试点应用排水性标线，兼具振动标线功能，如图2-10所示。

图2-10　治理后：排水性标线

非灯控路口，人行横道线前设置纵向减速标线，提醒驾驶人注意行人过街，如图 2-11 所示。

图 2-11　治理后：非灯控路口纵向减速标线

9.应用新设施

试点应用新型减速丘、大角度轮廓标，如图 2-12、图 2-13 所示。

图 2-12　治理后：新型减速丘

图 2-13　治理后：大角度轮廓标

10. 应用"全量事故信息采集系统"

以事故多发"点段区域、道路环境、时间时段、人员结构、出行结构、违法结构"六个维度为重点，实施事故要素信息采集，根据采集数据信息的分析研判，针对性指导"隐患点段精准治理、道路几何精准设置、勤务时空精准布局、人员群体精准宣教、行业管理精准施策、交通违法精准打击"，切实提升道路交通事故预防水平，如图 2-14 所示。

图 2-14　道路交通安全综合治理平台

11. 应用"交通设施管理平台"

运用数字化管理手段，将全市国省道公路网交通标志、提示牌、标线、护栏、智慧设施等交通设施的地理位置、类型、规格、尺寸、面积等关键属性信息，采用一平台（云端平台）、一看板（GIS 展现）、两库（属性库、图片库），进行全方位采集整理后统一录入平台进行集中管理，如图 2-15 所示。

图 2-15　宁波市公运中心交通设施管理平台

(四)成效总结

本案例经验适用于城镇化密集、货车和非机动车流量大的路段。

在治理中,通过完善机非隔离设施、中央隔离设施,改善了路段的交通秩序;通过设置右转保护、增设照明、清理路口通视三角区障碍物,提升了沿线路口的安全性;通过应用新型减速丘、大角度轮廓标等新设施,强化了警示引导;通过应用"全量事故信息采集系统""交通设施管理平台",强化了综合管控效果。

经过治理,实现道路安全管理治理水平显著提升,交通事故明显减少。

二、江苏省徐州市睢宁县325省道穿村过镇路段

(一)道路基本情况及问题分析

1.基本情况

325省道K58—K80睢宁段为一级公路,道路东西走向,全长22km,双向四车道,沥青路面,中间设有隔离护栏,西起G104交叉路口,终于宿迁主城区交界(图2-16),此路段各类车辆通行流量大。公路沿线为平原农村地区,村民沿公路集中居住,进出或沿公路行走较为频繁,路段经过2个繁华镇区,且先后与多条省道、县乡道交叉。通过分析近年来发生在该路段的交通事故,结果表明该路段非机动车事故多发。

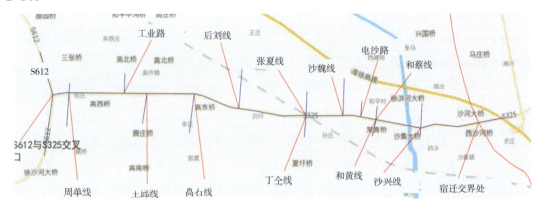

图2-16 325省道K58—K80睢宁段

2.主要问题

(1)非机动车路权不明。硬路肩宽度不足2m,且没有明确非机动车通行空间,非机动车占用机动车道行驶、机动车占用硬路肩行驶等机非混行现象普遍,机非碰撞风险大。

（2）交通标线不完善。部分行人过街密集的地点缺少人行横道线，导致行人随意过街，机动车碰撞过街行人风险大；部分减速标线磨损严重，已无法视认。

（3）中央开口视距遮挡。部分中央开口前后的护栏较高，遮挡视距，驾驶人无法观察到中央开口处的车辆和行人，遇紧急情况难以及时反应。

（4）路口构造不合理。部分路口异形，主路两侧的支路错位搭接，导致支路车辆、行人穿行主路时须沿主路逆行，对主路交通干扰大，路口安全隐患突出。

（5）接入口缺少警示提示。路侧接入口没有标志标线，对驾驶人缺乏安全引导，从接入口进入主路的车辆不让行、不减速，极易与主路车辆发生碰撞。

（二）优化方案

1.治理思路

针对非机动车路权不明的问题，明确非机动车的通行空间并予以警示；针对交通标线不完善的问题，补齐应设未设的交通标线；针对道路中央开口隐蔽的问题，改善视距，保障中央开口的可见性；针对路口构造不合理的问题，实施工程改造，改善路口设置；针对接入口缺少警示提示的问题，完善支路口交通安全设施。

2.具体措施

（1）保障非机动车安全通行。在非机动车流量大的路段拓宽硬路肩，修整路面；在硬路肩喷涂非机动车道地面标识，明确硬路肩供非机动车通行；在靠近硬路肩的机动车道喷涂"注意骑行"地面文字，车道边缘线采用振动标线，警示机动车避让非机动车。

（2）完善交通标线。在行人过街密集的地点增设人行横道线，规范行人过街秩序；对于磨损严重的减速标线进行重新施划，引导驾驶人降低车速。

（3）保障中央开口视距。降低中央开口前后的护栏高度，削减绿植，消除视距遮挡隐患。

（4）路口优化改造。对道路接入位置不合理的路口进行工程改造，改善支路接入不对称、路口异形的情况；完善路口的渠化标线。

（5）完善接入口交通安全设施。在接入口安装停车让行标志，引导支路车辆让行主路车辆，减少主路、支路交通冲突；在接入口内施划振动减速标线，引导车辆减速。

（三）效果对比分析

1.明确非机动车路权

治理前，硬路肩宽度不足，非机动车在硬路肩通行空间受限，如图2-17所示；而且缺少注意非机动车的警示提示，如图2-18所示。治理后拓宽硬路肩，喷涂路面标识明确路权，车道边缘线采用振动标线加强警示，如图2-19所示；在地面喷涂"注意骑行"安全提示，警示车辆避让非机动车，如图2-20所示。

图2-17　治理前：未明确非机动车道

图2-18　治理前：缺少注意非机动车警示提示

图2-19　治理后：明确非机动车道

图2-20　治理后：完善"注意骑行"警示提示

2.完善交通标线

治理前，行人过街密集地点无人行横道线，如图2-21所示；减速标线严重磨损无法视认，如图2-22所示。治理后，施划人行横道线，如图2-23所示；重新施划减速标线，如图2-24所示。

图2-21　治理前：无行人过街设施

图2-22　治理前：减速标线严重磨损

图2-23　治理后：施划人行横道线

图2-24　治理后：重新施划减速标线

3.改善中央开口视距

治理前，中央开口处护栏较高遮挡视距，如图2-25所示。治理后，降低护栏高度，改善中央开口视距，如图2-26所示。

图2-25　治理前：护栏遮挡视距

图2-26　治理后：降低护栏高度

4.路口优化改造

治理前，路口异形，支路接入错位，存在过街安全隐患，如图2-27所示。治理后，改善路口构造，调整支路接入位置，渠化设计，优化交通组织，如图2-28所示。

图2-27　治理前：路口错位　　　　　　　图2-28　治理后：改善路口设计

5.完善支路口交通安全设施

治理前，接入口无交通安全设施，如图2-29所示；接入口内支路无减速设施，如

图2-30所示。治理后，设置停车让行标志、停车让行线，如图2-31所示；施划振动减速标线，如图2-32所示。

图 2-29　治理前：无交通安全设施

图 2-30　治理前：无减速设施

图 2-31　治理后：完善让行标志标线

图 2-32　治理后：施划振动减速标线

6.提升路口非机动车安全

治理前，缺少非机动车过街行车指引，缺少机非隔离设施，非机动车过街风险高，如图2-33所示。治理后，施划彩铺，明确非机动车过街通道，规范行驶路线，拓宽硬路肩并外移边侧护栏，扩大非机动车的右转通行空间，后移非机动车停止线，增设机非隔离护栏，防止非机动车与右转货车碰撞，如图2-34所示；设置货车右转让行标志，防范货车右转盲区、内轮差事故，如图2-35所示；完善路口处机非隔离护栏，进行机非物理隔离，并设置车道指示标志明确通行路权，如图2-36所示。

（四）成效总结

本案例适用于非机动车出行密集的穿村过镇路段，此类路段往往机非混行严重，机非事故多发。

在治理中，通过拓宽公路硬路肩，施划彩铺、地面标识等，提示路权，为非机动车提供安全通行空间；通过完善交通标志标线，提升路段整体的警示引导效果，引导驾驶人安全行车；通过降低中央开口处的护栏高度，保障安全视距；通过改造异形路口，优化支路接入位置，提升路口的安全性；通过在支路设置让行标志标线，施划减速标线，提升接入口安全性。

图 2-33　治理前：非机动车安全过街设施不足

图 2-34　治理后：完善非机动车安全过街设施

图 2-35　治理后：设置货车右转让行标志　　图 2-36　治理后：完善机非隔离

经过治理，机非混行的现象得到明显改善，机动车、非机动车能够各行其道，机非碰撞事故大幅度减少。

三、湖南省长沙市长沙县319国道穿村过镇路段

（一）道路基本情况及问题分析

1.基本情况

湖南省长沙市长沙县319国道位于长沙县东城乡接合部，主路为南北走向，随着长沙县城市化进程推进，该路段两侧逐步城镇化，沿线人员出行密集。该路段治理前为二级公路，路基宽度11m，双向两车道，沥青路面，设计速度60km/h，车流量12600pcu/d，其中，大型车辆占比14.31%，每天高峰流量时段为17:00—19:00。

2.主要问题

（1）机非混行严重。路段两侧高度城镇化，公路沿线遍布集镇、村庄，大量非机动车沿公路行驶，由于通行空间不足，非机动车往往在机动车道行驶，与机动车频繁交织、冲突严重。

（2）道路通行能力不足。治理前，该路段为双向两车道二级公路，实际的交通流量远远超出了道路的承载能力，高峰期拥堵严重，部分机动车占用硬路肩通行，易碰撞硬路肩上行驶的非机动车。

（3）强超强会现象多。由于路段车流量大，很多车辆在不具备安全超车的条件下，强行越过道路中心线逆行超车，或利用右侧路肩强行超车，存在较大的事故隐患。

（4）超速违法行为多发。该路段线形平直，行车条件较好，加之缺乏有效车速管控措施，导致超速行为较为普遍。

（二）优化方案

1.治理思路

针对机非混行现象严重的问题，明确非机动车通行空间，与机动车道进行隔离；针对道路通行能力不足的问题，对道路进行改造升级，增加车道数，提升通行能力；针对强超强会现象多的问题，完善对向车流隔离，规范行车秩序；针对超速违法行为多发的问题，增加科技执法设备。

2.优化设计图

按照道路横断面设计标准，优化道路横断面设计，如图2-37所示。

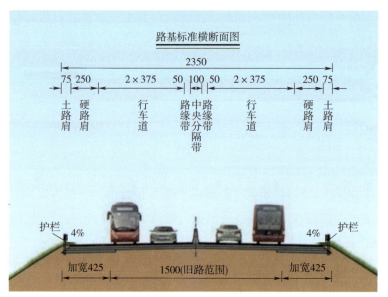

图2-37　优化道路横断面设计（尺寸单位：cm）

3.具体措施

（1）机、非、人通行分离。对道路全线两侧硬路肩进行彩铺，改造后的道路硬路肩宽2.5m，供非机动车通行；在沿线房屋密集段落增设人行道，实施路宅分离。

（2）道路升级改造。将双向两车道二级公路提质改造为双向四车道一级公路，路基宽度由11m拓宽为23.5m，提升道路通行能力；全路段设置道路中央隔离，分隔对向车流，并采用防护能力较强的混凝土护栏。

（3）加强速度管控。沿线增设限速标志，在超速违法行为多发的点段增设测速执法设备，控制安全车速。

（4）完善科技设备。在违法行为多发路口增设会车预警系统、智能路侧机器人、动态安全预警等科技设备，加强对交通违法行为的监测与劝导，加强交通安全提示。

（三）效果对比分析

1.机、非、人通行分离

治理前，未明确非机动车通行空间，仅有机动车道和硬路肩，如图2-38、图2-39所示。治理后，拓宽路肩，施划彩铺，明确非机动车及行人通行空间，如图2-40、图2-41所示。

图2-38　治理前：无非机动车道

图2-39　治理前：无非机动车道和人行道

图2-40　治理后：明确非机动车道

图2-41　治理后：明确非机动车道和人行道

2.道路升级改造

治理前，双向两车道，车流量大，道路无法满足通行需求，机动车占用硬路肩现象多，如图2-42所示。治理后，拓宽道路，改为一级公路双向四车道，道路中央安装混凝土护栏，提升道路通行水平，如图2-43所示。

3.加强速度管控

治理前，路段车速快、超速违法行为多，没有测速执法设备，如图2-44所示。治理后，增设测速执法设备，如图2-45所示。

图 2-42　治理前：双向两车道

图 2-43　治理后：双向四车道

图 2-44　治理前：无测速执法设备

图 2-45　治理后：增设测速执法设备

4. 完善科技设备

治理前，路口仅安装爆闪灯，警示效果不强，无法精准提示来车风险，如图2-46所示；摩托车、非机动车驾驶人不佩戴安全头盔现象多，如图2-47所示。治理后，路口安装会车预警系统，实时提示来车情况，警示效果增强，如图2-48所示；增设违法检测预警系统，监测不佩戴安全头盔行为并劝导驾驶人，路口守法率增强，如图2-49所示。

图 2-46　治理前：路口仅安装爆闪灯

图 2-47　治理前：非机动车不佩戴头盔

图 2-48　治理后：路口安装会车预警系统　　图 2-49　治理后：增设违法检测预警系统提升守法率

5.优化公交车站设置

治理前，公交站设置形式为直线式，公交车停车时干扰交通通行，如图2-50所示。治理后，改为港湾式公交站，公交车停车时不影响通行能力，如图2-51所示。

图 2-50　治理前：直线式公交站　　　　　图 2-51　治理后：改为港湾式公交站

（四）成效总结

本案例适用于城乡接合部地区的路段，此类路段公路两侧城镇化程度高，车流量大，机非冲突、人车冲突多。

在治理中，通过对道路进行提质改造，增加车道数，完善中央硬隔离，提升了道路通行水平，杜绝了车辆逆行、强超强会问题；通过拓宽硬路肩，施划彩铺，为非机动车提供安全通行空间，同时在行人密集路段修建人行道，实现了机、非、人分离；通过设置限速标志、测速执法设备，治理了超速行车问题；通过完善相关科技设备，加强风险警示，纠正了常见违法行为，加强了道路交通综合管控水平。

经过治理，道路通行能力提升明显，杜绝了车辆逆行、强超强会的现象，非机动车有了安全通行空间，交通安全环境改善明显。

四、四川省成都市双怀路三江段穿村过镇路段

（一）道路基本情况及问题分析

1.基本情况

双怀路三江段属成都市三江街道，属于穿村过镇道路，该路段全长1.8km，道路等级为二级公路，道路宽度为12m，双向四车道，道路为沥青路面。道路属平原道路地势，呈东西走向，较平直，设计速度和道路限速均为40km/h。该道路穿越5个村社，沿线常住人口约13000人。近年来，沿线村社以公路为轴线逐步展开建设，目前该路段已成为三江街道生产生活的主要交通干道。

2.主要问题

（1）随意穿行公路问题突出。道路无中央隔离设施，机动车随意掉头、转弯，非机动车随意横穿道路现象较突出，道路整体通行秩序混乱无序。

（2）标志标线缺失问题突出。该路段平交路口、接入口多，行人、非机动车多，多重风险叠加，但是提示安全风险、引导谨慎慢行的标志标线不全，未能引起驾驶人的警惕。

（3）接入口安全问题突出。主线两侧存在大量接入口，接入口未明确通行规则，支路车辆快速驶入主路，对主路交通造成较大干扰，安全问题突出。

（4）夜间照明不足问题突出。路侧居民多，部分路口夜间行人通过道路频繁，但是缺少照明设施，驾驶人在晚上不易观察到路口横过道路的行人。

（二）优化方案

1.治理思路

针对随意横穿道路问题，增加中央隔离设施，规范道路行车秩序；针对标志标线缺失问题，完善相关交通标志标线，加强警示引导；针对接入口安全问题，明确路权，加强风险提示；针对夜间照明不足问题，完善照明设备，改善夜间行车视距。

2.具体措施

（1）完善隔离设施。道路全段增设中央护栏，防止车辆随意掉头、转弯，防止非机动车、行人随意横穿道路；在部分非机动车流量大的路段增设机非隔离护栏。

（2）完善标志标线。增设注意村庄、注意行人、路口警告等标志，加强风险提示告知；补齐人行横道线，改善过街秩序；增设限速标志，完善减速标线，引导驾驶人减速慢行。

（3）完善接入口交通安全设施。完善支路的停车让行标志，施划停车让行线，明

确支路让主路的通行规则，支路完善减速丘，强制车辆进入主路前减速。

（4）完善科技设备。在流量大、闯红灯违法行为多发的点段增加视频监控设备和电子警察，治理交通违法行为；在视距不良、事故易发的接入口增加会车预警系统，精准提示来车风险。

（5）完善照明设施。在夜间行人横过道路频繁的点段增加照明路灯，提升夜间出行安全水平。

（三）效果对比分析

1.增加中央隔离护栏

治理前，道路中央没有物理隔离，车辆、行人可随意横穿，如图2-52所示。治理后，增设中央护栏，遏制车辆、行人随意穿行，改善了行车秩序，如图2-53所示。

图2-52　治理前：无中央物理隔离

图2-53　治理后：增设中央护栏隔离

2.完善标志标线

治理前，道路无警示提示，如图2-54所示；路面没有减速标线，如图2-55所示。治理后，增设"前方事故多发、车辆减速慢行"提示标志，如图2-56所示；路面完善了振动减速标线，引导驾驶人减速慢行，如图2-57所示。

图2-54　治理前：无警示提示

图2-55　治理前：无减速标线

图 2-56　治理后：增设提示标志

图 2-57　治理后：增设减速标线

3.完善支路口交通安全设施

治理前，支路口无交通安全设施，如图2-58所示。治理后，增设让行标志，施划让行线，增设减速丘，如图2-59所示。

图 2-58　治理前：支路口无交通安全设施

图 2-59　治理后：增设交通安全设施

4.完善科技设备

治理前，违法行为多发的路口缺少违法抓拍设备，如图2-60所示；接入口视距不良，驾驶人不易观察路口来车，安全风险大，如图2-61所示。治理后，增设视频监控和电子警察，治理、震慑违法行为，如图2-62所示；增设会车预警系统，自动监测、预警路口来车，提高出行安全性，如图2-63所示。

图2-60　治理前：缺少违法抓拍设备

图2-61　治理前：接入口视距不良

图2-62　治理后：增设电子警察

图2-63　治理后：增设会车预警系统

5.完善道路照明

治理前，道路无照明设施，驾驶人夜间不易观察路口情况，如图2-64所示。治理后，增设路灯，提高夜间通过路口行人的可见性，如图2-65所示。

图2-64　治理前：道路无照明

图2-65　治理后：增设路灯

（四）成效总结

本案例适用于路侧城镇化程度高、道路中央无隔离设施的双向四车道公路，此类路段车辆随意掉头、转弯，行人随意横穿道路现象严重，严重影响通行秩序，存在事故隐患。

在治理中，通过安装道路中央隔离栏，消除了道路交通的横向干扰，改善交通秩序；通过完善标志标线，加强风险的警示告知，引导驾驶人安全行车；通过完善接入口交通安全设施，加强接入口安全性；通过安装电子警察，遏制交通违法行为，提升驾驶人守法率；通过增加照明设备，改善夜间交通安全。

经过治理，该路段车辆随意掉头、转弯，非机动车与行人随意横穿道路的交通乱象消除，交通秩序改善明显。

五、嘉兴市秀洲区建汾线穿村过镇路段

（一）道路基本情况及问题分析

1.基本情况

建汾线（X309）始建于20世纪末，位于嘉兴市秀洲区北部，路线全长约11.461km，全线位于王江泾镇域内，穿越红联村、民和村、南汇村、华联村等4个行政村，共16座桥梁、21处公交站，电动自行车占比高是该段道路的显著特点。

2.主要问题

该路段电动自行车占比较高，交通流量大、车速过快和交通违法行为多发是造成交通事故的主要成因。

（二）优化方案

1.治理思路

针对当前现状和问题，全线完善线形诱导标志、车道指示标志、警告标志和禁令标志，新增发光警示柱、主动同频发光道钉、隔离设施、照明设备、一体化人行信号灯和非机动车信号灯等声光电设施。

2.具体措施

（1）路口安全改造。改善路口"四度"（识别度、通透度、照明度、斜坡度），创新实施"标准化路口"治理。临水、高落差路段安全防护设施安装率达100%。全线实现有效亮化率达100%。

（2）科技设备赋能助力。推广设置会车预警系统、内轮差预警系统、同频发光道钉、

雨夜标线等新设施。

（三）效果对比分析

1.实施路口亮化工程

治理后，在沿线路口增设照明设施，保障夜间可视性，如图2-66所示。

2.完善路侧安全防护

治理后，在沿线临水临崖路段完善路侧护栏，并且做好不同形式护栏的过渡搭接，如图2-67所示。

图2-66　治理后：完善路口照明

图2-67　治理后：完善路侧防护

3.安装会车预警系统

在事故易发路口安装会车预警系统，加强来车警示提示，如图2-68所示。

4.应用发光道钉

在急弯路段等线形变化路段应用发光道钉，加强夜间的视线诱导与警示，如图2-69所示。

图2-68　治理后：安装会车预警系统

图2-69　治理后：应用发光道钉

（四）效果对比分析

本案例经验适用于农村地区穿村过镇路段。

在治理中，通过实施路口亮化工程，提升路口夜间的安全性；通过完善路侧护栏，强化道路安全防护；通过安装会车预警系统，加强来车警示；通过应用发光道钉，提升夜间驾驶警示与引导。

经过治理，道路安全性与通行秩序得到明显提升。

第二节 急弯路段

一、内蒙古乌海市勃湾区沃野路与新桥街急弯路段

（一）道路基本情况及问题分析

1.基本情况

沃野路与新桥街急弯路段位于乌海市海勃湾区城区边缘城郊接合部。沃野路与新桥街为城区通往外部郊区的主要道路，该路段为急弯路段，路基路面宽度10m，车道数量双向两车道，路面为平整沥青路面，设计速度、限速为50km/h。道路属于城区道路，该点段位于弯道段，且在靠西侧有影响安全视距的墙体。

该点段的事故致因主要为超车时占用对向道行驶、弯道前不减速等违法行为，事故形态以同向剐蹭、超车时与对向车辆正面碰撞为主。

2.主要问题

（1）标志标线不完善。缺少交通标志，驾驶人无法及时知晓行车风险；路面没有道路中心线，对向车流间缺少隔离，车道不明，驾驶人容易逆行引发迎面相撞事故。

（2）道路视距不良。该路段属于急弯路段，弯道内侧有遮挡视距的墙体，驾驶人行车视距受限，不易观察前方路况，遇对向来车时难以及时反应。

（3）路侧防护缺失。弯道外侧没有护栏，安全防护不足，驾驶人遇弯道反应不及容易驾车冲出路外。

（二）优化方案

1.治理思路

针对标志标线不完善的问题，完善标志标线，加强对驾驶人的警示，引导规范行车、减速慢行，防止车辆在弯道处逆行、强超强会；针对道路视距不良的问题，移除障碍物扩大驾驶人前方可见范围；针对路侧防护缺失的问题，补齐弯道外侧护栏。

2.优化设计图

通过完善警示提示、视线诱导、减速设施、科技设备等措施,对该路段进行综合治理,如图2-70所示。

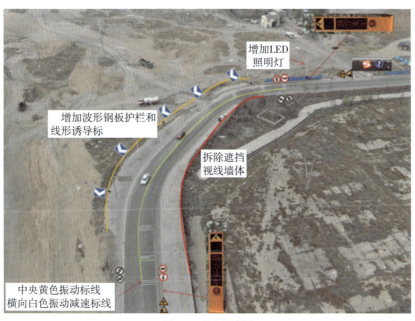

图2-70 治理示意图

3.具体措施

(1)完善标志标线。增设急弯路段、事故易发路段标志,强化风险告知;增设禁止超车(解除)、限速(解除)标志,警示规范行车;施划道路中心黄色实线,防止车辆逆行;施划振动减速标线,引导驾驶人减速慢行。

(2)保障安全视距。移除弯道内遮挡视线墙体,扩大驾驶人前方的视野范围,确保能够及时发现前方车辆。

(3)增设路侧护栏。弯道外侧设置防撞护栏,在护栏上安装线形诱导标,加强行车方向诱导和安全防护,防止车辆冲出路外。

(4)其他措施。增设会车预警系统,提示前方对向来车情况,进一步完善风险告知;增设LED(Light Emitting Diode,发光二极管)照明灯,提升夜间视距。

(三)效果对比分析

1.完善标志标线

治理前,路侧无警示提示,如图2-71所示;无道路中心线,无减速标线,如图2-72所示。治理后,新增急弯路、事故易发路段标志,警示风险,新增限速、禁止超车标志,规范交通秩序，如图2-73所示；施划道路中心黄实线，明确车道，分隔对向来车，施划减速标线，标线采用振动形式，加强减速警示，如图2-74所示。

图2-71 治理前：无警示标志

图2-72 治理前：道路标线不完善

图2-73 治理后：完善警示标志

图2-74 治理后：完善道路标线

2.改善视距情况

治理前，弯道内侧的墙体遮挡驾驶人视线，如图2-75所示；治理后，清理弯道内侧障碍物，保障驾驶人安全视距，如图2-76所示。

3.完善路侧防护

治理前，路侧没有防护栏，如图2-77所示；治理后，设置防护栏，完善线形诱导标，加强行车引导和安全防护，如图2-78所示。

4.增设会车预警系统

治理前，驾驶人不易观察对向来车，如图2-79所示；治理后，增设会车预警系统，加强对向来车提示，如图2-80所示。

图 2-75　治理前：弯道视距不良　　　　图 2-76　治理后：弯道视距通透

图 2-77　治理前：无路侧护栏　　　　图 2-78　治理后：设置防护栏和线形诱导标

图 2-79　治理前：不易观察对向来车　　　　图 2-80　治理后：安装会车预警系统

5.增加道路夜间照明

治理前，道路无路灯，如图2-81所示；治理后，增加路灯，完善夜间照明条件，如图2-82所示。

图 2-81　治理前：道路无照明设施　　　　图 2-82　治理后：完善夜间照明条件

（四）成效总结

本案例适用于视距不良、未施划道路中心线的急弯路段，此类路段驾驶人不易观察前方来车，加之车道不明确，对向车辆极易发生迎面相撞事故。

在治理中，通过施划道路中心黄实线，设置禁止超车（解除）标志，明确车道，分隔对向车流，规范秩序；通过设置急弯路标志、施划减速标线，加强警示引导；通过拆除弯道内遮挡视线的障碍物，提升行车视距；通过安装路侧护栏和线形诱导标志，完善行车安全指引和防护；通过设置会车预警系统，提示驾驶人前方来车情况；通过增设路灯，加强夜间出行安全。

治理完成后，驾驶人在进入弯道前能够提前知晓风险，提前减速慢行，并按照车道行驶，越线逆行违法行为明显减少。

二、吉林省通化市辉南县504国道急弯路段

（一）道路基本情况及问题分析

1.基本情况

504国道抚公线K162+700m路段位于辉南县辉南镇，道路南北走向，技术等级为二级，设计速度80km/h，路面宽9m，该路段主路有弯道，支路为坡道。

2.主要问题

（1）警示提示缺失。该路段为急弯，且前后有支路接入，路段整体缺少警示标志，驾驶人无法及时获取路况信息，难以预判前方行车风险，在急弯和路口处易发生事故。

（2）车速过快。该路段没有减速措施，车辆以较快速度行驶至急弯处存在安全隐患，同时还有支路接入，主路与支路车辆本就存在交通冲突，加之车速快，安全风险突出。

（3）视距不良。弯道内侧有一处板房，遮挡行车视线，驾驶人难以观察前方路况，遇对向来车难以及时反应。

（4）支路口存在隐患。弯道前后有支路接入，且存在冲坡现象，影响视距，加之支路口安全设施缺失，存在事故隐患。

（二）优化方案

1.治理思路

针对警示提示缺失的问题，完善交通标志，提前告知驾驶人前方路况，引导驾驶人提前采取降速等安全措施；针对车速过快的问题，完善主路、支路的减速设施，控制安全车速；针对视距不良的问题，移除遮挡视线的障碍物，延展驾驶人视线范围。针对支路口存在隐患的问题，进行坡改平处理，完善交通安全设施。

2.优化设计图

完善交通标志标线，增强视线诱导，治理路侧沿线开口，如图2-83所示。

图2-83　优化设计图

3.具体措施

（1）完善交通标志。增设急弯路、交叉路口警告标志，告知驾驶人前方路况信息；增设禁止超车（解除）标志、限速（解除）标志、线形诱导标，引导驾驶人规范行车。

（2）完善交通标线。将急弯处的道路中心线由黄虚线改为黄实线，分隔双向交通流，禁止车辆越线，防止迎面相撞；施划振动减速标线，控制安全车速。

（3）改善安全视距。拆除弯道内侧遮挡行车视距的板房，保障驾驶人前方的可见范围。

（4）提升支路口安全。对支路进行坡改平处理，完善支路的停车让行标志、停车让行线、减速丘，警示支路车辆停车让行。

（三）效果对比分析

1.完善交通标志

治理前，道路无交通标志，如图2-84所示；弯道无线形诱导标志，如图2-85所示。治理后，完善限速、禁止超车、急弯路等标志，加强风险提示，如图2-86所示；完善线形诱导标志，如图2-87所示。

图2-84　治理前：道路无交通标志

图2-85　治理前：无线形诱导标志

图2-86　治理后：完善限速、禁止超车、急弯路等交通标志

图2-87　治理后：完善线形诱导标志

2.完善交通标线

治理前，交通标线磨损严重，如图2-88所示。治理后，重新施划道路中心黄实线、减

速标线,如图2-89所示。

图 2-88　治理前:交通标线磨损严重

图 2-89　治理后:重新施划交通标线

3.改善安全视距

治理前,弯道内侧板房遮挡视线,如图2-90所示。治理后,移除视线障碍物,改善弯道视距,如图2-91所示。

图 2-90　治理前:遮挡视线

图 2-91　治理后:改善视距

4.提升支路口安全

治理前,支路存在冲坡现象,且交通安全设施不完善,如图2-92所示。治理后,进行坡改平处理,支路口增设停车让行标志标线、减速丘、道口标柱,如图2-93所示;主路完善T形路口标志,加强对主路驾驶人的警示,如图2-94、图2-95所示。

图 2-92　治理前:支路冲坡

图 2-93　治理后:进行坡改平处理

图2-94　治理后：主路完善路口标志（一）　　　图2-95　治理后：主路完善路口标志（二）

（四）成效总结

该案例适用于主路为急弯、弯道内视距不良，且弯道前后有支路接入的路段，此类路段线形不良，弯道会车易发生迎面相撞事故，同时路口也存在安全隐患。治理中，通过施划道路中心黄色实线、设置禁止超车（解除）标志，规范行车秩序，防止车辆驶入对向车道；通过完善各类警示标志，加强风险提示；通过施划振动减速标线、设置限速（解除）标志，控制安全车速；通过移除弯道内侧视线障碍物，提升安全视距；通过坡改平，完善各类交通安全设施，提升支路口安全。

经过隐患治理，主路驾驶人经过急弯和路口时，能够减速观察，支路车辆能够让行，整改后，该路段未发生过道路交通事故。

三、安徽省六安市舒城县105国道急弯路段

（一）道路基本情况及问题分析

1.基本情况

105国道K1210+600m—K1210+700m处，位于舒城县山七镇境内，路面宽8m，沥青路面，三级公路。该路段日均通行流量1307辆，其中大型车辆166辆，占比为13%。

2.主要问题

（1）交通标志不完善。该路段为急弯路段，且弯中有支路接入，但是缺少相应的警告标志，驾驶人无法预判前方路况，遇紧急情况无法及时反应。

（2）速度管控不足。路段内车速较快，没有速度限制提示和管理手段，车辆超速违法现象较为普遍，加剧了安全风险。

（3）支路口无交通安全设施。弯道中有支路接入，路口缺少交通安全设施，路权不明，加之车速快，主路车辆与支路车辆存在冲突隐患。

（二）优化方案

1.治理思路

针对上述问题，以强化警示、规范秩序、控制车速、科技加持为治理思路，针对交通标志不完善的问题，完善相关标志，加强对行车风险警示告知；针对车速管控不足的问题，完善限速措施，设置超速抓拍设施；针对支路口无交通安全设施的问题，完善标志标线、减速设施，明确通行路权，完善道路交通安全警示科技设备。

2.优化设计图

完善标志标线，对接入口进行治理，应用会车预警系统加强来车提示，如图2-96所示。

图2-96 优化设计图

3.具体措施

（1）完善交通标志。增设急弯路警告、注意村庄、路口警告交通标志，加强路况提示；增设禁止超车（解除）标志，规范路段行车秩序。

（2）加强车速管控。设置限速（解除）标志、施划振动减速标线，提示驾驶人控速；设置测速执法设备，治理超速违法行为，提高驾驶人守法率。

（3）加强支路口安全。完善支路让行标志、让行线，明确支路让行主路的通行规则，设置减速丘，对支路进入主路车辆强制减速。

（4）完善科技设备。在路口增设会车预警系统，对来车情况进行监测预警，当路口的两个方向同时来车时，警示驾驶人注意安全，进一步加强安全水平。

（三）效果对比分析

1.完善交通标志

治理前，路侧无交通标志，如图2-97、图2-98所示。治理后，增设急弯路、注意村庄标志，加强风险告知，如图2-99所示；增设限速、禁止超车等标志，加强警示引导，如图2-100所示。

图 2-97 治理前：路侧无交通标志

图 2-98 治理前：路侧无交通标志

图 2-99 治理后：增设急弯路、注意村庄等交通标志

图 2-100 治理后：增设限速、禁止超车等交通标志

2.加强速度管控

治理前，路面无减速标线，道路无测速设备，如图2-101所示。治理后，施划减速标线，增设测速抓拍设备，如图2-102所示。

图 2-101　治理前：无控速措施

图 2-102　治理后：完善控速措施

3.完善支路口治理

治理前，支路口缺少交通安全设施，如图2-103所示。治理后，完善支路让行标志、让行线、减速丘，如图2-104所示。

图 2-103　治理前：支路口缺少交通安全设施

图 2-104　治理后：完善支路口交通安全设施

4.增加科技设备

治理后，在路口增设会车预警系统，如图2-105所示。

图 2-105　治理后：增设会车预警系统

5.治理后俯拍图

治理后俯拍效果，如图2-106所示。

图 2-106　治理后俯拍图

（四）成效总结

本案例适用于急弯中有支路接入的路段，此类路段急弯风险与支路口风险叠加，事故易发。

治理方面，通过完善急弯路、路口警告标志，加强风险警示；通过完善禁止超车（解除）、限速（解除）标志，强化行车指示；通过施划减速标线，设置测速执法设备，遏制超速违法行为；通过在支路设置让行标志标线、减速丘，明确路权，消除路口交通冲突；通过设置会车预警系统，加强来车提示，进一步保障交通参与者出行安全。

经过治理，该路段超速、支路未让行等违法行为减少，测速设备起到了震慑效果，使驾驶人能够自觉减速慢行。

第三节　弯坡路段

一、湖北省咸宁市赤壁市351国道弯坡路段

（一）道路基本情况及问题分析

1.基本情况

赤壁市351国道是赤壁市城区通往赤壁镇的一条国道，该国道K1108+750m处为一段

长下坡弯道路段，沥青路面，路侧有村道路口，车流量大。主路为东西走向国道，双向四车道，宽度15m，设计速度为80km/h，路侧支路为村道。该路段日均流量约为7900辆，其中大型车辆约为830辆，占总车流量的10.5%，日高峰流量时段为16:00—18:00。

2.主要问题

（1）安全提示缺失。该路段为下坡弯道路段，线形不良，车速快，缺少警示提示，驾驶人无法及时获取路况信息，缺少安全行车提示诱导。

（2）对向车流缺少分隔。行车速度快与急弯风险叠加，道路中央没有隔离护栏，对向车流缺少硬隔离，车辆容易驶入对向车道引发迎面相撞事故。

（3）行人过街秩序乱。主路与支路平交路口处设置有一处公交车站，周边行人过街集中在此处，但缺少人行横道线等设施，行人横过道路秩序乱。

（4）支路口交通安全设施不完善。有支路接入主路，路口通行规则不明晰，主路、支路车辆存在交通冲突，支路车辆不让行、不减速，易发生交通事故。

（二）优化方案

1.治理思路

针对安全提示缺失的问题，完善交通标志标线，告知驾驶人前方路况和风险，引导驾驶人规范驾驶、减速慢行；针对双向车流缺少分隔的问题，增设道路中央隔离设施，防止车辆闯入对向车道逆行；针对行人过街秩序乱的问题，完善过街设施，消除随意横穿道路现象；针对支路口交通安全设施不完善的问题，完善设施，明确路权，提示让行减速。

2.具体措施

（1）完善交通标志标线。设置慢行提示、减速标线，提示驾驶人控制车速；弯道设置线形诱导标志，进行方向诱导；路口前设置路口警告标志，警示风险。

（2）设置中央隔离设施。完善道路中央的隔离护栏，物理分隔对向交通流；完善护栏的轮廓标，在护栏端头处设置防撞桶及线形诱导标志，加强行车引导和防护。

（3）设置行人过街设施。在行人过街密集的地点施划人行横道线，规范行人过街秩序，配套设置人行横道预告标志标线，加强行人过街安全保护。

（4）完善支路交通安全设施。在支路设置停车让行标志标线，提示支路车辆让行，明确路口通行路权；设置减速丘，强制支路车辆减速。

（三）效果对比分析

1.完善交通标志标线

治理前，无警示标志，路面无减速标线，如图2-107所示。治理后，增加慢行提示、线形诱导标、振动减速标线，加强安全行车诱导，如图2-108所示。

图 2-107　治理前：标志标线不全

图 2-108　治理后：完善标志标线

2.增加中央隔离设施

治理前，道路无中央隔离设施，如图2-109所示。治理后，增加中央隔离护栏，如图2-110所示；完善中央隔离带端头防护，增加线形诱导标志和防撞桶，如图2-111所示。

图 2-109　治理前：道路无中央隔离设施

图 2-110　治理后：增加中央隔离护栏

图 2-111　治理后：完善中央隔离端头防护

3.完善行人过街设施

治理前,无行人过街设施,如图2-112所示。治理后,完善人行横道线,人行横道标志、预告标线,如图2-113所示。

图 2-112　治理前:无行人过街设施

图 2-113　治理后:完善人行横道线

4.完善支路口交通安全设施

治理前,支路口无交通安全设施,如图2-114所示。治理后,完善让行标志、让行线、减速丘,如图2-115所示。

图 2-114　治理前:无交通安全设施

图 2-115　治理后:完善交通安全设施

5.治理后俯拍图

治理后俯拍效果如图2-116所示。

图 2-116　治理后俯拍图

（四）成效总结

本案例适用于车速较快、且有支路接入的弯坡路段，此类路段急弯与路口风险叠加，路段迎面相撞事故、路口主路支路车辆碰撞事故易发。

在治理中，通过设置交通标志、线形诱导标志，及时告知驾驶人行车风险，引导安全驾驶；通过设置中央隔离设施，有效分隔对向交通流，实现了对支路口右进右出的交通控制，化解了多个交通冲突，防控了迎面相撞事故；通过设置人行横道线及预告标志标线，满足行人横过道路需求，规范行人过街秩序；通过在支路设置停车让行标志及减速丘，引导支路车辆停车慢行。

经过治理，在事故路段已实现控制车速、提示预警、分隔对向车流、保障行人横过道路等效果，已达到预防交通事故的目的。

二、湖南省长沙市宁乡市104县道弯坡路段

（一）路口基本情况及问题分析

1. 基本情况

该路段位于长沙宁乡市X104线K4+700m—K5+100m，呈东西走向，双向两车道，路基宽度8.2m，路面宽度7.2m，为宁乡市连接西部乡镇主要道路，沥青路面，限速60km/h，道路南侧有村道进出X104线，村道路面宽度3.5m，沥青路面。

该路段近6个月日均车流量达到4000辆，其中小型车辆2800辆，占总车流量的70%；大型货车1200辆，占总车流量的30%。日高峰流量时段为7:00—9:00、16:00—18:00。路段内车辆平均运行速度50~70km/h。该路段为急弯路段，且在弯道处存在村道与路段交叉，存在较大安全隐患。

2. 主要问题

（1）道路超高不符合安全要求。弯道处的道路超高不足，无法满足道路安全设计要求，当超高不足时，因车辆在弯道行驶产生离心力，造成车辆行车不稳，存在安全隐患，特别是大型车辆易发生侧翻事故。

（2）警示标志缺失。该路段途经弯道、路口、村庄，但沿线缺少交通标志，未能给驾驶人有效的警示提示，驾驶人对路况及安全行车缺少预判。

（3）标线磨损严重。道路中心线、车道边缘线、减速标线均磨损严重，无法辨认，车道范围不明确，车速快，对向车辆易发生迎面相撞事故。

（4）支路口存安全隐患。通视三角区内有障碍物遮挡，驾驶人不易观察路口来车，

支路口缺少交通安全设施，主路支路车辆存在冲突，事故易发。

（二）优化方案

1.治理思路

针对道路超高不符合安全要求的问题，对路面进行工程改造，按照道路工程安全设计要求重新铺装路面；针对警示标志缺失的问题，完善各类交通标志，加强风险告知；针对标线磨损严重的问题，重新施划交通标线，给驾驶人明确的行车指引，改善交通秩序；针对支路口存在安全隐患的问题，移除视线障碍物，保障通视三角区的畅通，完善交通安全设施。

2.优化设计图

优化设计方案，如图2-117、图2-118所示。

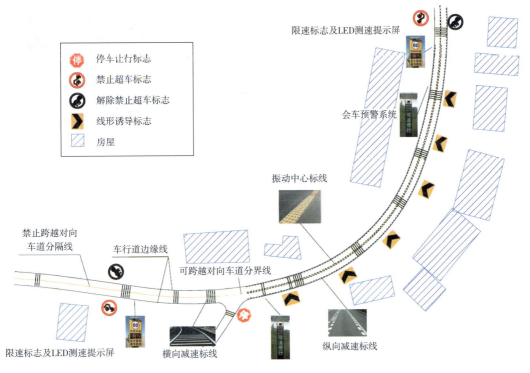

图2-117　优化设计图

3.具体措施

（1）规范超高设计。右幅道路整体靠中线位置铣刨3cm，弯道加高外侧高度6~11cm，使整个弯道超高基本保持一致和平顺过渡，解决车辆通过弯道时因离心力作用导致的行车不稳问题。

（2）完善交通标志。在弯道两端增设连续弯路、注意村庄标志，提示行车风险；设置减速慢行标语提示牌，引导车辆减速慢行；设置禁止超车（解除）标志，防止车辆强超强会。在弯道处安装带有爆闪灯的线形诱导标，提示驾驶人线形变化。

图2-118　优化设计图

（3）完善交通标线。重新施划道路中心线、车道边缘线，明确车道边界，道路中心线采用振动标线，提醒越线车辆；施划减速标线控制安全车速。

（4）改善路口安全。修剪遮挡路口视线的绿植，保障路口的通视三角区通透；在支路安装停车让行标志、减速丘，确保支路进出主路车辆有序让行。

（5）增设科技设备。在弯道两侧安装会车预警系统，提示对向来车，加强风险提示，防控迎面相撞事故；安装雷达测速反馈仪，提示驾驶人保持安全车速。

（三）效果对比分析

1.规范超高设计

治理前，超高不符合规范，如图2-119所示。治理后，超高符合规范，如图2-120所示。

2.完善交通标志

治理前，道路无交通标志，如图2-121所示。治理后，设置限速、禁止超车标志，规范行车，如图2-122所示；设置连续弯路、注意村庄标志，警示风险，如图2-123所示；增设带爆闪灯的线形诱导标，如图2-124所示。

图 2-119　治理前：超高不符合规范

图 2-120　治理后：超高符合规范

图 2-121　治理前：道路无交通标志

图 2-122　治理后：完善限速、禁止超车等

图 2-123　治理后：完善连续弯路、注意村庄等

图 2-124　治理后：完善线形诱导标、会车预警系统

3.完善交通标线

治理前，路面交通标线缺失，如图2-125所示；治理后，施划道路中心线、车道边缘线、减速标线，喷涂限速地面标识，如图2-126所示。

4.改善路口安全

治理前，路口视距不良，如图2-127所示；支路缺少交通安全设施，如图2-128所示。治理后，移除障碍物，视距通透，如图2-129所示；完善让行标志、减速丘，如图2-130所示；完善路口警告标志，如图2-131、图2-132所示。

图 2-125　治理前：路面交通标线缺失

图 2-126　治理后：完善交通标线

图 2-127　治理前：路口视距不良

图 2-128　治理前：支路缺少交通安全设施

图 2-129　治理后：移除障碍物

图 2-130　治理后：完善交通安全设施

图 2-131　治理后：完善路口警告标志

图 2-132　治理后：完善线形诱导标、会车预警系统

（四）成效总结

本案例适用于急弯伴随穿村过镇且存在支路口的路段，路段超高不足，弯道处于支路口且视距不良，存在安全隐患。

在治理中，通过完善急弯、路口警告标志，告知行车风险；通过设置禁止超车（解除）标志、限速（解除）标志，警示驾驶人；通过设置带有爆闪灯的线形诱导标，加强行车安全指引；通过完善道路中心线、车道边缘线，明确车道边界，规范行车秩序；通过完善减速标线，控制安全车速；通过削减路口障碍物，保障路口的安全视距；通过完善支路让行标志标线、减速丘，规范路口路权，提升行车安全性。

经过治理，已实现提前警示预警、控制车速、规范会车、改善安全视距、支路汇入车辆停车让行等效果，达到隐患整治目的。

三、陕西省渭南市临渭区渭桥路龙尾坡弯坡路段

（一）道路基本情况及问题分析

1.基本情况

陕西省渭南市临渭区渭桥路龙尾坡路段为弯坡路段，道路技术等级三级，路面宽21m，双向四车道，沥青路面，设计速度60km/h，弯道顶方向限速为40km/h，弯道底方向限速为70km/h。该路段弯道多、过往车辆车速较快，易发生道路交通事故。该路段车辆通行数据情况如下，日均流量达到5714辆，其中大型车辆125辆，占总车流量的2.6%，一天中高峰流量时段为17:00—18:00。超速、逆行、强超强会是导致事故的主要原因。

2.主要问题

（1）警示提示缺失。该路段线形不良，行车条件复杂，缺少路况警示提示，驾驶人对行车风险预判不足，难以及时采取有效的应对措施。

（2）行车速度快。路段缺少速度管控措施，行车速度快，加上路段线形不良，驾驶人遇急弯等路况时容易反应不及，操作不当易导致车辆失控。

（3）迎面相撞事故隐患突出。道路缺少中央隔离设施，部分车辆逆行、强超强会，极易导致迎面相撞事故。

（4）路侧安全防护不足。部分临崖路段没有路侧护栏，存在安全隐患，易发生车辆冲出路外翻坠的交通事故。

（二）优化方案

1.治理思路

以"控速度、加隔离、安防护、亮视距、增提示"为思路进行治理。针对警示提示缺失的问题，完善交通标志，加强行车风险告知和安全诱导；针对行车速度快的问题，完善设施，强化速度管控；针对迎面相撞事故隐患突出的问题，分隔对向交通流，规范行车秩序；在临崖路段增设防护设施，防止车辆冲出路外。

2.优化设计图

优化设计方案如图2-133、图2-134所示。

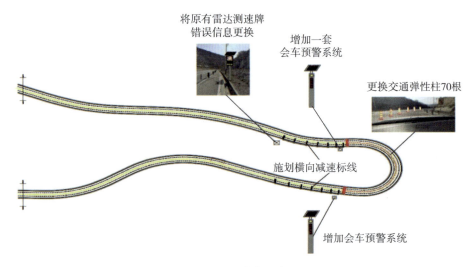

图2-133 优化设计图

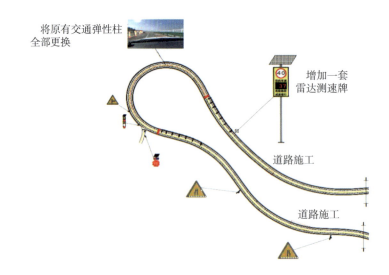

图2-134 优化设计图

3.具体措施

（1）完善标志标线。增设长下坡、事故易发路段标志，强化风险告知；增设禁止超车（解除）标志，将急弯处的车道中心线改为实线，禁止越线超车，规范行车秩序。

（2）控制安全车速。设置限速（解除）标志，施划振动减速标线、减速防滑彩铺，并喷涂限速地面标识，提示驾驶人保持安全车速。

（3）增设中央隔离设施。增设道路中央隔离弹力反光柱，分隔对向来车，防止车辆驶入对向车道引发迎面相撞事故。

（4）增设路侧防护设施。增设路侧临崖路段护栏，防止车辆冲出路外，在护栏上张贴反光贴。

（5）增设科技设备。视距不良处增设会车预警系统，警示驾驶人注意对向来车；设置雷达测速反馈设备，提示驾驶人注意车速。

（三）效果对比分析

1.完善标志标线

治理前，无警示标志，如图2-135所示。治理后，增设禁止超车、前方下坡提示标志，路面增加限速标识，如图2-136所示。

图2-135　治理前：无警示标志

图2-136　治理后：增设警示标志

2.控制安全车速

治理前，路面无减速标线，如图2-137所示；无防滑措施，如图2-138所示。治理后，施划振动减速标线，如图2-139所示；增加地面减速防滑彩铺，如图2-140所示。

3.设置中央隔离

治理前，道路无中央隔离设施，如图2-141所示。治理后，增设道路中央柔性反光立柱，如图2-142所示。

图 2-137　治理前：缺少速度管控

图 2-138　治理前：无防滑措施

图 2-139　治理后：施划振动减速标线

图 2-140　治理后：增加防滑彩铺

图 2-141　治理前：无中央隔离

图 2-142　治理后：增设柔性交通柱

4. 完善路侧防护

治理前，路侧防护设施不完善，如图2-143所示。治理后，完善路侧护栏，如图2-144所示。

5. 增加科技设施

治理后，增设会车预警系统，如图2-145所示；增设雷达测速反馈屏，如图2-146所示。

图 2-143　治理前：路侧防护设施不完善

图 2-144　治理后：完善路侧护栏

图 2-145　治理后：增设会车预警系统

图 2-146　治理后：增设雷达测速反馈屏

6.治理后俯拍图

治理后整体效果，如图2-147所示。

图 2-147　治理后俯拍图

（四）成效总结

本案例适用于临崖长下坡加连续急弯不良线性组合、速度控制困难的路段，此类路段坡陡弯急、视距不良、车速过快，迎面相撞和车辆冲出路外风险大。在治理中，通过完善长下坡、事故易发路段标志，强化风险警示告知；通过设置禁止超车（解除）标志，将车道中心线改为实线，规范行车秩序，防止车辆随意变道引发事故；通过增设限速（解除）标志、限速标识、防滑彩铺、减速标线，控制路段安全车速；通过增设中央隔离弹力柱，分隔对向来车，减少车辆迎面相撞风险；通过完善路侧护栏，防止车辆冲出路外；通过完善会车预警系统、测速反馈屏等科技设备，提示路况和车辆状态。

通过治理，该路段已实现远端提示预警、控制车速、改良路面摩擦系数、安全引导等实际效果，治理后未发生亡人事故。

第四节　长下坡路段

一、河北省张家口市沽源县239国道长下坡路段

（一）道路基本情况及问题分析

1. 基本情况

该隐患位于239国道K191+700m—K200+200m，属于典型的长下坡路段，并包含沽源唯一的隧道"椴木梁隧道"，道路整体线形多弯道坡道。交通运行情况基本正常有序，但239国道为旅游线路主干道及蔬菜运输主干道，是北京至沽源除高速外最主要的通道，每年6月至10月车流量激增，通行压力大，且大型货车居多，各型车辆混合通行，通行环境复杂。

2. 主要问题

（1）标志标线不完善。路段长下坡伴随急弯，线形复杂，行车条件不良，又缺少交通标志提示，驾驶人无法及时获取前方路况信息，无法提前预判风险，同时路面标线磨损不清晰，无法起到很好的指示引导作用。

（2）隧道口缺少光线过渡。车辆在驶入、驶出隧道时，光线明暗变化较大，产生"黑洞""白洞"效应，对驾驶人的视觉造成障碍，导致驾驶人无法观察前方路况，易引发事故。

（3）货车安全保障设施缺失。该路段为长下坡路段，治理前没有避险车道、降温池

等针对货车行车安全的保障设施，一旦货车安全检查不及时、制动失效，将无处避险，后果严重。

（二）优化方案

1.治理思路

针对标志标线不完善的问题，补齐交通标志，加强道路风险告知，重新施划交通标线，引导规范行车；针对隧道缺少光线过渡的问题，增设遮阳棚，给予光线变化缓冲空间；针对货车安全保障设施缺失问题，修建避险车道等配套辅助设施。

2.具体措施

（1）完善标志标线。安装长下坡提示、弯道警告、线形诱导标志等交通标志，加强行车风险提示与诱导；将道路中心线提级为振动标线，修补视认性不足的交通标线。

（2）提升隧道安全性。在隧道口安装遮阳棚，进行光线明暗变化过渡，减少"黑洞""白洞"效应对驾驶人的影响；隧道内安装亮度更好的照明设备以及隧道轮廓带，改善照明和示廓效果。

（3）修建货车安全辅助设施。修建避险车道，供货车制动失效时紧急避险使用；坡顶修建货车加水站、降温池，供货车驾驶人在驶入长下坡前对车辆进行安全维护等。

（三）效果对比分析

1.完善交通标志

治理后，增加线形诱导标志，如图2-148所示；增加连续下坡标志，如图2-149所示。

图 2-148　治理后：增加线形诱导标志

图 2-149　治理后：增加连续下坡标志

2.提升隧道安全性

治理前，进隧道光线环境图片，如图2-150所示；隧道照明较暗，如图2-151所示。治理后，增设遮阳棚过渡，如图2-152所示；改善照明条件，设置轮廓带，如图2-153所示。

图2-150　治理前：无过渡段

图2-151　治理前：隧道照明不足

图2-152　治理后：增设遮阳棚过渡

图2-153　治理后：改善照明条件

3.完善货车安全辅助设施

治理后，修建停车区、降温池，如图2-154所示，修建避险车道，如图2-155所示。

图2-154　治理后：修建配套设施

图2-155　治理后：修建避险车道

（四）成效总结

本案例适用于途经隧道、货车流量大的长下坡路段，进出隧道的光线变化给行车带来安全隐患，同时货车行车风险突出。在治理中，通过完善标志标线，给予驾驶人路况的警示提示，加强安全行车诱导；通过修建遮阳棚，完善光线变化过渡，同时改善隧道内照明条件，提高隧道行车安全性；通过修建避险车道、降温池、加水站等设施，完善货车安全配套保障。

通过治理，针对隧道、货车两类突出风险进行专项提升，优化了该路段的整体通行环境，减少了交通事故。

二、福建省南平市政和稠岭20km长下坡

（一）道路基本情况及问题分析

1.道路情况

福建南平政和外屯乡稠岭20km长下坡，道路技术等级二级，双向两车道，路面宽度8m，混凝土路面，限速60km/h。道路属山区道路，长下坡路段。车辆通行日均流量达500多辆，其中轿车300余辆，占总车流量的68%，车辆平均运行速度为60km/h。

2.主要问题

（1）警示提示缺失。该路段为长下坡，落差大，急弯多，缺少路况告知与警示，驾驶人无法及时获得前方路况信息，提前预判应对风险。

（2）交通违法行为较多。该路段超速、越线逆行等违法行为多发，没有执法手段遏制违法行为，进一步加剧了事故风险。

（3）车速较快。该路段的行车速度普遍较快，在急弯路段车辆容易因速度过快闯入对向车道，引发迎面相撞事故。

（4）巡逻管控难度大。该路段警力不足，巡逻执法无法覆盖整个路段，管控死角多，部分车辆和违法行为失管漏管。

（二）优化方案

1.治理思路

针对警示提示缺失的问题，完善警示标志，提示驾驶人长下坡、弯急，注意安全谨慎驾驶；针对交通违法行为较多的问题，安装非现场执法设备，对突出违法行为进行抓拍；针对车速较快的问题，设置限速标志、施划减速标线；针对巡逻管控难度大的问题，采用无人机巡逻喊话的模式，维护交通秩序，纠正交通违法行为。

2. 具体措施

（1）完善标志标线。设置急弯路标志、长下坡预告标志，提示驾驶人注意路况；设置线形诱导标志、限速标志、减速标线，提示驾驶人道路方向，引导保持安全车速。

（2）完善执法、科技设备。在违法突出点段安装监控、执法抓拍设备，治理突出违法行为；在急弯处设置会车预警系统，提示驾驶人前方来车情况。

（3）设置交通安全劝导站。站外通过爆闪灯提示、高音喊话提醒等形式，督促货车驾驶人检查制动器、加水等，站内可供驾乘人员休息、车辆维护、观看警示片。

（4）无人机巡逻管控。依托无人机，每天不定时对稠岭路段进行空中全程巡查及空中提醒喊话，汛期在塌方堵点进行实地实时喊话警示疏导。

（三）效果对比分析

1. 完善标志标线

治理前，缺少警示提示，如图2-156所示；缺少行车诱导，如图2-157所示；路面无减速标线，如图2-158所示。治理后，增设长下坡预告标志，如图2-159所示；增设线形诱导标志和安全提醒标语，如图2-160所示；施划振动减速标线，如图2-161所示。

图 2-156　治理前：缺少警示提示

图 2-157　治理前：缺少行车诱导

图 2-158　治理前：路面无减速标线

图 2-159　治理后：增设长下坡预告标志

图 2-160　治理后：增设线形诱导标志和安全提示语

图 2-161　治理后：施划振动减速标线

2.增设执法、科技设施

治理后，增设执法抓拍设备，如图2-162所示；增设会车预警系统，如图2-163所示。

图 2-162　治理后：增设执法抓拍设备

图 2-163　治理后：增设会车预警系统

3.无人机巡逻管控

治理后，采用无人机巡逻、喊话，加强科技化管理，如图2-164所示。

图 2-164　治理后：采用无人机巡逻、喊话

（四）成效总结

本案例适用于交通违法行为多、警力不足的长下坡路段，此类路段车速快、管控死角多、难度大。在治理中，通过完善标志标线、给予驾驶人风险提示，加强安全行车诱导；通过完善科技设备和执法设备，加强风险动态提示，查缉违法行为，震慑驾驶人，提高守法率；通过在长下坡前设置劝导站，对过往驾驶人进行安全宣教，为驾驶人提供休整场地；通过无人机巡逻喊话的勤务模式，实现路段管控全覆盖，有效弥补警力不足带来的管控缺失问题，提升路段综合管控水平。

经过治理，该路段突出交通违法行为得到遏制，无人机巡逻管控得到了良好成效，据部分货车驾驶人反映，中午时段驾车易疲劳，空中喊话提醒让人倦意全无、行车安全有了保障。

三、云南省丽江市古城区353国道长下坡路段

（一）道路基本情况及问题分析

1.基本情况

古城区G353丽江—维西K3537+197m—K3564+780m路段为山丘重岭三级公路，南北走向、长下坡路段，同时伴随急弯陡坡、临边临崖，坡顶与坡脚相对高差1597.99m，平均纵坡5.8%。路面宽度6.2m，路基宽度7m。车型多样，交通繁忙、流量大，高、低速车辆混行，存在较大的安全风险。

2.主要问题

（1）路侧防护不足。部分路侧险要路段无安全防护措施，部分路侧护栏的高度不足、防护等级较弱，不符合规范，车辆冲出路外翻坠的风险大，后果严重。

（2）弯道会车风险突出。部分急弯路段的内侧因植被茂盛遮挡行车视线，驾驶人难以观察前方路况，遇对向来车时难以及时反应。

（二）优化方案

1.治理思路

针对路侧防护不足的问题，补足路侧防护设施，并根据历史事故情况和交通实际情况，加强路侧防护等级；针对弯道会车风险突出的问题，改善弯道视距，延长驾驶人视线范围，使其能够及时观察到对向来车，有充足的反应时间。

2.具体措施

（1）加强路侧安全防护。完善路侧护栏，按照最新标准规范要求提升防护等级，在车辆冲出路外风险高、路侧落差大的路段采用混凝土防护栏。

（2）改善弯道视距。清理弯道内侧遮挡视距的植被、山体等障碍物，增加行车视距，对弯道采取加宽改造，使得驾驶人更易观察到前方路况，提高道路的容错性。

（三）效果对比分析

1.强化路侧安全防护

治理前，路侧防护不足，如图2-165所示。治理后，提升路侧防护等级，如图2-166所示。

图 2-165　治理前：路侧防护不足

图 2-166　治理后：提升防护等级

2.改善弯道视距

治理前，弯道路面较窄，视距不良，如图2-167所示；植被侵入道路空间遮挡视线，如图2-168所示。治理后，拓宽弯道路面，提升驾驶人可见范围，完善路侧混凝土挡墙，如图2-169所示；清理弯道内侧植被保障视距，如图2-170所示。

图 2-167　治理前：弯道路面较窄

图 2-168　治理前：弯道视线遮挡

图 2-169　治理后：拓宽弯道路面

图 2-170　治理后：视距通透

（四）成效总结

本案例适用于弯道处路面窄、视距不良、路侧险要的长下坡路段，此类路段车辆冲出路外事故风险突出，同时弯道易发生会车事故。在治理中，通过完善路侧防护设施，提高防护等级，防控车辆冲出路外翻坠事故；通过削减弯道内侧遮挡视距的障碍物，拓宽弯道路面，扩大驾驶人视线范围，防控会车事故。

经过治理，路侧安全防护得到了加强，有效消除了车辆冲出路外翻坠事故风险；弯道视距得到改善，有效预防了弯道会车事故。

第五节　临水临崖路段

一、安徽省合肥市233省道金山水库临水路段

（一）道路基本情况及问题分析

1.基本情况

安徽省合肥市庐江县233省道龙桥镇金山水库路段呈东西走向，技术等级为三级，路面宽度6m，沥青路面，双向两车道，设计速度40km/h。该路段早晚车流量稍大，交通安全设施不全，弯道处无有效防护措施。

2.主要问题

（1）缺少警示引导。该路段急弯、临水，且路侧有支路接入，各类风险叠加，但是基础标志标线缺失，对驾驶人的警示不足，驾驶人行车缺少安全诱导。

（2）会车安全风险突出。路段为弯道，道路两侧山体树木绿化侵入道路空间，影响行车视距，驾驶人难以及时观察到对向来车，一旦越线行驶极易发生会车事故。

(3)路侧安全防护不足。该路段为临水路段,部分路侧险要处没有防护栏,车辆冲出路外翻坠后果严重。

(4)支路口存在安全隐患。该路段有支路接入,支路口缺少交通安全设施,通行规则不明确,主路、支路车辆存在冲突,支路进入主路车辆速度较快。

(二)优化方案

1.治理思路

针对缺少警示引导的问题,完善交通标志标线,警示驾驶人行车风险,引导安全行车;针对会车安全风险突出的问题,改善弯道视距,规范行车秩序,增加科技设备提示会车动态风险;针对路侧安全防护不足的问题,补齐路侧安全护栏;针对支路口存在安全风险的问题,完善路口交通安全设施。

2.优化设计图

优化设计方案如图2-171所示。

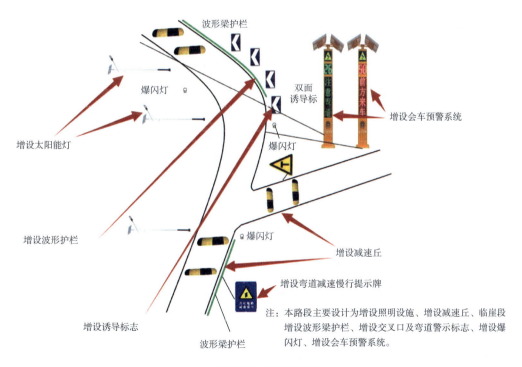

图2-171 优化设计图

3.具体措施

(1)完善标志标线。完善急弯、路口警告标志,给予驾驶人风险告知;完善限速(解除)、振动减速标线等交通标志标线,控制安全车速;完善线形诱导标志,引导行车方向。

（2）保障会车安全。设置禁止超车（解除）标志，防止车辆越线，规范行车秩序；清除弯道内侧遮挡视线的绿化，提高会车视距，便于驾驶人提早发现对向来车；设置会车预警系统，加强对向来车动态风险提示。

（3）完善安全防护。在路侧险要处增设波形梁护栏，加强安全防护，防止车辆冲出路外翻坠至水库。

（4）改善支路口安全。在支路设置让行标志、让行线、减速丘，明确路权，告知支路车辆让行，强制支路车辆减速。

（5）其他措施。增加太阳能路灯，增加夜间有效视距。

（三）效果对比分析

1.完善标志标线

治理前，标志标线不健全，如图2-172所示。治理后，增设警告、禁令交通标志，如图2-173所示；增加慢行提示，施划振动减速标线，如图2-174所示；增加线形诱导标志，如图2-175所示。

图 2-172　治理前：无交通标志标线

图 2-173　治理后：增设交通标志

图 2-174　治理后：增加慢行提示

图 2-175　治理后：增加线形诱导标志

2.改善急弯安全

治理前,路侧无防护设施、弯道内侧绿化遮挡视线,如图2-176所示;缺少风险警示提示标志,如图2-177所示。治理后,增设波形护栏、线形诱导标志、太阳能灯、清除山体侧绿化,如图2-178所示;完善限速、禁止超车标志,防止越线、超速,设置会车预警系统,加强对向来车提示,如图2-179所示。

图 2-176　治理前:路侧无防护设施

图 2-177　治理前:缺少风险警示

图 2-178　治理后:增设波形护栏

图 2-179　治理后:设置会车预警系统

3.改善支路口安全

治理前,支路口无交通安全设施,如图2-180所示。治理后,支路口完善让行标志、让行线、减速丘,如图2-181所示。

图 2-180　治理前:无交通安全设施

图 2-181　治理后:完善交通安全设施

4.治理后俯拍图

治理后效果,如图2-182所示。

图 2-182　治理后:俯拍图

(四)成效总结

本案例适用于临水临崖并伴随急弯、接入口的路段,此类路段弯道处车辆迎面相撞、冲出路外事故风险高。

在治理中,通过完善交通标志标线,向驾驶人预告前方路况,进行风险警示,引导规范行驶,防止车辆逆行、强超强会;通过改善弯道视距,增加会车预警系统,完善路侧护栏,增加照明设施,综合改善急弯安全,防止车辆迎面相撞或冲出路外;通过在支路口完善让行标志、减速带,提升支路口安全。

经过治理,该路段的风险警示得到加强,行车诱导、控速措施、路侧防护、夜间照明得到完善,支路口交通冲突得到化解,治理后未发生交通事故。

二、宁夏石嘴山市下简路临崖路段

(一)道路基本情况及问题分析

1.基本情况

该隐患点位于惠农区下简路K6+100m处,属急弯道路,下简路呈南北走向,双向两条机动车道,路宽7m。该路段属于平原道路,急弯路段,路面为沥青混凝土,设计速度40km/h,路侧为农田,且与路面有高度落差大。交通事故多为对向相撞和驶出道路。

2.主要问题

（1）车辆迎面相撞事故风险突出。道路为双向两车道，且弯急路窄，驾驶人容易操作不当，在转弯时驾车闯入对向车道，引发迎面相撞事故。

（2）车辆冲出路外事故风险突出。急弯处缺少线形诱导设施和路侧护栏，当车速较快时，驾驶人遇急弯容易来不及转向，驾车冲出路外。

（二）优化方案

1.治理思路

针对车辆迎面相撞事故风险突出问题，加强风险告知，明确车道范围，分隔对向来车，规范秩序，禁止车辆在此路段借道超车；针对车辆冲出路外事故风险突出问题，加强风险告知，控制安全车速，加强弯道行车诱导，完善路侧安全防护。

2.优化设计图

优化设计方案如图2-183所示。

惠农区下简路6km+100m处隐患治理设计图

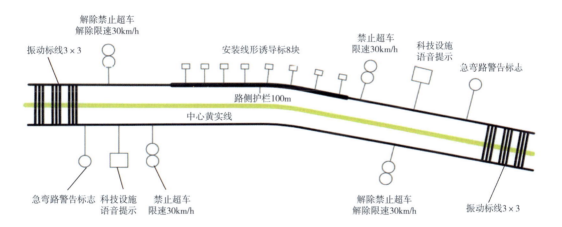

图2-183 优化设计图

3.具体措施

（1）完善交通标志。设置急弯路标志，告知驾驶人前方道路线形情况；设置限速（解除）标志，控制安全车速；设置禁止超车（解除）标志、规范秩序；急弯处完善线形诱导标志，加强安全引导。

（2）完善交通标线。重新施划道路中心线，采用黄色振动实线，分隔对向来车，规范行车秩序；在进入弯道前的路段施划减速标线，控制安全车速。

（3）加强安全防护。在弯道外侧安装波形梁护栏，防止车辆冲出路外，在进入弯道处安装语音提示系统，提醒过往车辆注意弯道，减速行驶。

（三）效果对比分析

1.完善交通标志

治理前，道路无交通标志，如图2-184所示。治理后，完善急弯路警告标志，如图2-185所示。

图2-184 治理前：道路无交通标志

图2-185 治理后：完善急弯路警告标志

2.完善交通标线

治理前，路面交通标线缺失，如图2-186所示。治理后，施划道路中心线、减速标线，采用振动标线，如图2-187所示。

图2-186 治理前：路面交通标线缺失

图2-187 治理后：施划道路中心线、减速标线，采用振动标线

3.加强安全防护

治理前，道路无防护栏，如图2-188所示；治理后，完善波形梁护栏，如图2-189所示。

4.治理后俯拍图

整体效果如图2-190所示。

图 2-188　治理前：道路无防护栏

图 2-189　治理后：完善波形梁护栏

图 2-190　治理后：俯拍图

（四）成效总结

本案例适用于路侧无防护设施的高边坡、急弯路段。此类路段车辆迎面相撞、冲出路外风险较高。治理中，通过完善急弯警告标志，加强风险告知，完善限速（解除）、禁止超车（解除）标志，规范安全行车；通过施划道路中心黄实线，明确对向车道边界，防止车辆逆行，施划减速标线，控制安全车速；通过完善路侧护栏，防止车辆冲出路外。

经过治理，在该路段已实现弯道提示预警、控速、保持车道行驶、防止坠坡等效果，车辆迎面相撞、冲出路外隐患消除。

三、新疆伊犁州新源县218国道临崖路段

（一）道路基本情况及问题分析

1.基本情况

国道218线K194+600m—K195+300m段，呈由西向东走向，为二级公路，沥青混凝

土路面，路基宽度12m，路面宽度7.5m，双向两车道，设计速度80km/h。此路段平均海拔775.9m，为山区高路堤、临水临崖、急弯路段，道路线行曲折，弯道内侧有山体遮挡，视距严重不良。此路段越线超车现象频发，行经此路段的车辆车速普遍较快、占道行驶行为突出。经统计，2022年12月1日至3月18日，国道218线195km处总车流量为224290辆，其中大型车辆56729辆，占总车流量的25.29%，一天中高峰流量时段为13:00—14:00。

2.主要问题

（1）交通标志不完善。该路段急弯、临崖，行车安全风险较为突出，没有交通标志，缺少对驾驶人的警示，驾驶人无法及时掌握路况信息，提前预判风险。

（2）交通标线不规范。该路段振动减速标线严重磨损，无法发挥作用，急弯处的道路中心线为黄虚线，允许越线，但急弯处视距不良，车辆借道超车时易发生迎面相撞事故。

（二）优化方案

1.治理思路

强化警示、安全引导、控制车速、科技赋能。针对交通标志不完善的问题，增设警示标志告知驾驶人行车风险，增设禁令标志规范行车秩序，同时增设科技设施加强来车提示，作为交通标志的补充；针对交通标线不规范的问题，重新施划标线，特别是将道路中心线由虚线改为实线，禁止越线，隔离对向来车。

2.优化设计图

优化设计方案如图2-191所示。

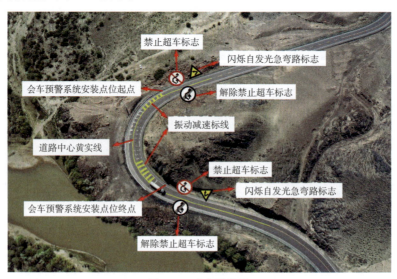

图2-191 优化设计图

3.具体措施

（1）增设交通标志。设置闪烁自发光急弯路标志，警示安全风险，提升夜间警示效果；设置禁止超车（解除）标志，防止车辆越线逆行。

（2）优化交通标线。在弯道路段将道路中心单黄虚线改设为单黄实线，禁止车辆在该路段越线，防止车辆在弯道强超强会引发迎面相撞事故；施划横向振动减速标线，防止车辆超速。

（3）增设会车预警系统。增设会车预警系统，提示驾驶人对向来车情况，加强风险提示。

（三）效果对比分析

1.增设交通标志

治理前，道路缺少交通标志，如图2-192所示。治理后，增设禁止超车、限速标志，如图2-193所示。

图2-192 治理前：道路缺少交通标志

图2-193 治理后：增设交通标志

2.完善交通标线

治理前，减速标线严重磨损，如图2-194所示。治理后，施划振动减速标线，如图2-195所示。

图2-194 治理前：减速标线严重磨损

图2-195 治理后：施划减速标线

3.增设会车预警系统

治理前,急弯处无科技设施,如图2-196所示。治理后,设置会车预警系统,加强急弯对向来车提示,如图2-197所示。

图2-196　治理前:无科技设施

图2-197　治理后:设置会车预警系统

4.治理后俯拍图

整体治理效果如图2-198所示。

图2-198　治理后:俯拍图

(四)成效总结

本案例适用于急弯、临崖的山区地貌路段,此类路段往往视距不良,车辆越过中心线逆向行驶,极易造成迎面相撞事故。在治理中,通过完善交通标志,警示风险,指引驾驶人规范行车,自发光标志的运用保障了夜间警示效果;通过设置道路中心黄色实线，明确禁止越线，防止强超强会引发迎面相撞事故；通过施划振动减速标线，控制安全车速；通过运用会车预警系统，加强对向来车提示，进一步保障行车安全。

经过治理，驾驶人能够及时知晓对向来车，规范驾驶，减速慢行，整治完成后路段未发生道路交通事故。

第六节 桥隧路段

一、浙江省宁波市海曙区龙溪线龙溪隧道路段

（一）道路基本情况及问题分析

1.基本情况

龙溪线属微丘道路，双向两车道三级公路（县道），沥青路面，龙溪隧道位于龙溪线直线段，单孔双向两车道通行，净宽8.5m，净高5m，设计速度40km/h，日均流量约5100辆，其中大型车辆850辆，占总车流量的16.7%，日高峰流量时段为7:30—8:30、15:30—16:30，车辆平均运行速度40km/h。

2.主要问题

（1）隧道内照明不足。隧道内照明条件不足，光线较暗，导致行车视距不良，驾驶人不易观察前方路况，遇前方突发情况难以及时发现反应。

（2）对向来车隔离不完善。道路为双向两车道，虽然道路中心施划了黄色实线，禁止越线，但实际中存在车辆逆行、强超强会的情况，存在安全隐患。

（3）基础标志标线不完善。龙观往溪口方向的隧道入口处缺少基本的交通标志标线，如限速标志、减速标线等，对驾驶人的警示提示、安全引导不足。

（4）隧道日常运维管养薄弱。隧道内原有的视频监控设备等缺乏维护，部分设备长期损坏得不到及时修复，无法正常工作。

（二）优化方案

1.治理思路

以进出隧道及隧道内减速、隧道内防止车辆随意变道、隧道内交通事件快速监测反应为治理思路。针对隧道内照明不足的问题，对隧道实施亮化，提升驾驶人可见范围；针对对向来车缺少隔离的问题，实施道路中央软隔离，分隔对向交通流；针对基础标志标线不完善的问题，补齐相关交通标志标线；针对日常运维管养薄弱问题，重新安装隧

道内视频监控设备。

2.具体措施

（1）改善视距条件。实施亮化工程，重新安装隧道照明设备，提升驾驶人的可见范围；对隧道轮廓进行涂装，采用强反光材料进行示廓和线形诱导，提高隧道壁警示效果。

（2）加强对向车辆隔离。将道路中心实线改为振动标线，警示跨越中心线行车的驾驶人；隧道外路段使用柔性警示柱进一步隔离对向来车，隧道内使用分道体，增加车道指示灯，强化驾驶人方向意识。

（3）完善基础交通安全设施。完善隧道口交通安全设施，包括限速标志、进入隧道请开车灯提示；路面增设彩色防滑路面、振动型纵向减速标线；增设防撞桶、水马等防撞设施。

（4）完善科技设施。隧道内增设视频监控，违法抓拍电子设备。

（5）其他措施。标注隧道紧急逃生出口指示；对隧道部分老化的消防设施进行更新。

（三）效果分析

1.改善视距条件

治理前，隧道照明不足，如图2-199所示。治理后，隧道内亮化，完善隧道示廓，如图2-200所示。

图2-199　治理前：隧道照明不足

图2-200　治理后：隧道内亮化

2.完善中央隔离

治理前，对向车道无物理隔离，如图2-201所示；对向来车隔离不足，仅施划道路中心线，如图2-202所示。治理后，增加柔性警示柱，如图2-203所示；增加分道体，道路中心线提升为振动标线，如图2-204所示；增加车道指示灯，强化驾驶人行车方向意识，如图2-205所示；地面施划导向箭头，强化驾驶人行车方向意识，如图2-206所示。

图 2-201　治理前：对向车道无隔离

图 2-202　治理前：仅施划道路中心线

图 2-203　治理后：增加柔性警示柱

图 2-204　治理后：增加分道体

图 2-205　治理后：增加车道指示灯

图 2-206　治理后：地面施划导向箭头

3.有效解决隧道安全监控不足问题

治理前，无监控设施，如图2-207所示。治理后，增加科技监控抓拍，如图2-208所示。

图2-207　治理前：无监控设施　　　　图2-208　治理后：增加监控抓拍

（四）成效总结

本案例适用于单孔双向通行隧道，此类路段的特点是双向两车道，车辆易闯入对向车道导致迎面相撞事故。治理中，通过施划振动道路中心线、设置柔性警示柱、设置分道体、设置车道指示灯、施划导向箭头，进行对向车流隔离；通过完善隧道口的标志标线、防护设施，加强警示，完善安全过渡；通过加强隧道照明及轮廓诱导，保障隧道内行车视距；通过完善隧道内监控执法设备，进一步加强管控能力。

通过治理，隧道内视线条件改善，双向交通流得到隔离，隧道口的安全性得到改善，隧道应急管控水平提升。

二、湖南省常德市安乡县深柳大桥路段

（一）道路基本情况及问题分析

1.基本情况

安乡县深柳大桥位于国道353线K1235+215m处，为二级公路桥梁，双向两车道，桥面宽度12.5m，行车道11.5m，桥面为沥青混凝土路面，设计速度为60km/h，最大纵坡3%，道路限速为70km/h。经统计，该路段日均流量约为5550辆，其中大型车辆占总车流量的18%，一天中高峰流量时段为14:00—18:00。

2.主要问题

（1）跨越道路中心实线违法多发。车辆跨越道路中心实线超车现象多，由于桥面为凸形竖曲线，行车视距受限，车辆越过中心线超车时容易与对向车辆迎面相撞。

（2）超速违法行为多发。限速警告标志不全，地面无减速标线，且无违法抓拍设

备，超速违法行为较为常见。

（3）夜间事故多发。夜间无灯光照明，视线不良，且从事故统计分析看，夜间为事故高发时段。

（4）其他安全隐患问题。桥梁段护栏与路基护栏过渡不符合标准，存在安全隐患；桥梁两端护栏缺少示廓，夜间安全引导不足。

（二）优化方案

1.治理思路

针对跨越道路中心实线行为多发的问题，加强警示提示，配套完善执法抓拍设备；针对超速行为多发问题，引导减速慢行，配套完善测速抓拍设备；针对夜间事故多发问题，完善道路照明设备，改善夜间行车视距。

2.优化设计图

优化设计方案如图2-209所示。

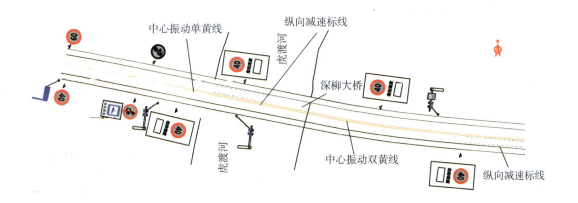

图2-209　优化设计方案

3.具体措施

（1）防止跨越中心实线。道路中心线提升为振动标线，当车辆越线时通过振动警示驾驶人；在大桥两端增设禁止超车（解除）标志，强化警示告知；在桥面两端及中间位置增设安装"越双黄线超车"智能抓拍球机，治理相关违法行为。

（2）防止车辆超速。在桥面坡顶两个方向的下坡车道增设施划纵向减速标线，引导车辆减速行驶；在大桥两端增设限速（解除）标志，增加雷达测速反馈科技设备。

（3）完善道路照明。在大桥两侧共新增安装路灯46座，改善夜间行车条件。

（4）完善其他措施。按现行标准完善桥梁与路基护栏的过渡搭接；在大桥两侧护栏全线间隔增设安装反光轮廓标。

（三）效果分析

1.防止跨越中心实线

治理前，道路中心线无振动效果，如图2-210所示；无相应的执法设备，如图2-111所示。治理后，中心线提升为振动标线，如图2-212所示；增设越线电警抓拍，如图2-213所示。

图 2-210　治理前：道路中心线无振动效果

图 2-211　治理前：无执法设备

图 2-212　治理后：中心线提升为振动标线

图 2-213　治理后：增设越线抓拍设备

2.防止车辆超速

治理前，路面无减速标线，如图2-214所示；无限速标志，如图2-215所示；无科技设备，如图2-216所示。治理后，全段增设减速标线，如图2-217所示；增设限速标志，如图2-218所示；增设测速反馈屏，如图2-219所示。

3.完善道路照明

治理前，无道路照明设备，如图2-220所示。治理后，增设道路照明设备，如图2-221所示。

图 2-214　治理前：无减速标线

图 2-215　治理前：无限速标志

图 2-216　治理前：无科技设备

图 2-217　治理后：增设减速标线

图 2-218　治理后：增设限速标志

图 2-219　治理后：增设测速反馈屏

图 2-220　治理前：无道路照明设备

图 2-221　治理后：增设道路照明设备

4.解决其他交通安全问题

治理前，道路无轮廓标，如图2-222所示；护栏衔接过渡不规范不完善，如图2-223所示。治理后，增设轮廓标，如图2-224所示；按新标准完善桥梁与路基护栏的搭接，如图2-225所示。

图 2-222　治理前：无轮廓标

图 2-223　治理前：护栏衔接过渡不完善

图 2-224　治理后：增设轮廓标

图 2-225　治理后：完善护栏搭接

（四）成效总结

本案例适用于凸曲线视距不良，越中心实线超车、超速违法行为多发，照明不良的桥梁路段。此类路段车速快，行车秩序不规范，越线逆行多，易发生迎面相撞事故。治理中，通过设置禁止超车（解除）标志，将中心线提升为振动标线，增设越线抓拍设备，规范路面行车秩序，防止跨越道路中心线；通过设置限速标志、减速标线、测速执法设备、测速反馈设备，防止超速；通过完善道路照明设备，改善夜间行车环境；通过完善轮廓标，改善护栏搭接设计，进一步提高路段安全性。

该路段隐患治理完成后，违反禁令标线越线超车，以及超速违法行为均下降显著，交通秩序得到改善，行车速度得到控制。

三、贵州省兴义市丰都大道永康隧道路段

（一）道路基本情况及问题分析

1.基本情况

丰都大道全长5km，是连接下五屯片区与丰都片区的快速通道，为沥青道路，永康隧道双孔双向六车道，路面宽21.6m，隧道内存在标线磨损严重、照明不足的问题，日车流量为12585辆。

2.主要问题

（1）标志标线不完善。进入隧道前缺少警示提示，对驾驶人的风险告知和安全提示不足；隧道内车道分界线为白色虚线，允许跨越，但实际中车辆变道超车易导致事故。

（2）隧道照明诱导不足。隧道内照明不足，驾驶人无法观察前方道路情况，发生碰撞事故的风险较大。隧道内壁及道路路缘石缺少反光设施，行车诱导不足。

（二）优化方案

1.治理思路

针对交通标志标线不完善的问题，在隧道入口增加相关交通标志，规范设置交通标线，引导驾驶人安全行车；针对隧道照明诱导不足的问题，进行隧道亮化，加强行车诱导，提升隧道内行车安全性。

2.优化设计图

优化设计方案如图2-226所示。

图2-226 优化设计方案

3.具体措施

（1）完善标志标线。增设限速（解除）标志、禁止超车（解除）标志、前方隧道标志，提醒驾驶人安全驾驶；将隧道内车道分界线由白色虚线重新施划为白色单实线，禁止车辆变道。

（2）完善照明诱导。改善隧道内照明，改善驾驶人行车视距条件；隧道内壁增加反光轮廓标，在道路路肩增设反光道钉，加强隧道示廓与行车诱导。

（3）增加执法设施。安装视频监控和执法设备，对道路交通违法行为进行抓拍，同时震慑驾驶人，提高守法率。

（三）效果分析

1.完善标志标线

治理前，无交通标志，如图2-227所示；车道分界线为虚线，如图2-228所示。治理后，增设禁止超车标志，如图2-229所示；车道分界线为实线，如图2-230所示。

图 2-227　治理前：无交通标志

图 2-228　治理前：车道分界线为虚线

图 2-229　治理后：增设禁止超车标志

图 2-230　治理后：车道分界线为实线

2.完善隧道照明

治理前，隧道照明诱导不完善，如图2-231所示。治理后，改善照明，隧道内墙面铺设反光瓷砖，反光道钉，加强示廓，如图2-232所示。

图 2-231　治理前：照明诱导不完善　　　图 2-232　治理后：改善照明加强示廓

3.完善科技执法设备

治理前，隧道口无执法设备，如图2-233所示。治理后，增设电警抓拍设备，如图2-234所示。

图 2-233　治理前：隧道口无执法设备

图 2-234　治理后：增设电警抓拍设备

（四）成效总结

本案例适用于"双向双孔"隧道路段，路段标志标线不完善造成警示提示缺失，行车不规范。治理中，通过设置禁止超车（解除）标志，将车道分界线施划为实线，禁止变道超车，规范隧道行车秩序。通过改善隧道照明条件，增加反光诱导设施，提升隧道行车安全性；通过增加执法设备，治理违法行为，提高驾驶人守法率。

经过治理，驾驶人能够谨慎驾驶，规范行车，隧道照明诱导得到完善，交通违法大幅减少。

第七节　长直线路段

一、青海省海西州茫崖市315国道长直线路段

（一）道路基本情况及问题分析

1.基本情况

G315线K1204路段位于茫崖市，该段道路坡缓平直，总体走向为由西向东，道路技术等级为二级，路面宽度为12m，双向两车道，设计速度80km/h，限速80km/h。道路属微丘地势，直线段。

2.主要问题

（1）疲劳驾驶易发。驾驶人在长直线路段驾驶时，由于行车环境单一，缺乏变化，驾驶人的视觉和精神都易产生疲劳，导致疲劳驾驶。

（2）强超强会易发。道路为双向两车道，加之道路的行车条件好，部分车辆超速行驶，在超越前方车辆时，易强超强会引发事故。

（3）超速行驶易发。道路线形平直，行车条件好，周边地势较为平坦，驾驶人的视野开阔，易产生麻痹心理，超速行驶现象多。

（二）优化方案

1.治理思路

针对疲劳驾驶的问题，强化路段安全提示，告知驾驶人路段安全风险，引导谨慎驾驶；针对强超强会易发的问题，规范行车秩序，使车辆保持在本车道行驶，防止车辆驶入对向车道；针对超速的问题，提示驾驶人道路限速，完善执法设备控制安全车速。

2.具体措施

（1）完善交通标志。增设事故易发路段标志，及时告知驾驶人前方危险，引起驾驶人的警觉；禁止超车（解除）标志，防止驾驶人越过中心线强超强会。

（2）完善交通标线。施划道路中心黄色实线，分隔对向车辆，采用振动标线，及时

警示越线的驾驶人。

（3）完善速度管控措施。增设限速标志、振动减速标线，提醒驾驶人路段限速，引导减速慢行，同时振动减速标线可以预防疲劳驾驶；设置区间测速抓拍设备，治理超速违法行为并提高驾驶人守法率。

（三）效果对比分析

1.完善交通标志

治理前，无交通标志，如图2-235所示。治理后，增设限速、禁止超车、事故易发路段等交通标志，如图2-236所示。

图2-235　治理前：无交通标志

图2-236　治理后：增设限速、禁止超车、事故易发路段等交通标志

2.完善交通标线

治理前，道路中心线为黄虚线，如图2-237所示。治理后，道路中心线为黄实线，采用振动标线，如图2-238所示。

图2-237　治理前：道路中心线为黄虚线

图2-238　治理后：道路中心线为黄实线，采用振动标线

3.控制安全车速

治理前，无速度管控措施，如图2-239所示。治理后，施划减速标线，增设区间测速，如图2-240所示。

图2-239　治理前：无速度管控措施

图2-240　治理后：施划减速标线，增设区间测速

（四）成效总结

本案例适用于地势平坦地区的长直线路段治理，此类路段的特点是线形平直，行车条件好，由于环境单调，驾驶人容易疲劳驾驶、强超强会、超速行驶。治理措施方面，通过设置事故易发路段交通标志，警示驾驶人注意行车安全；通过施划道路中心黄实线，设置禁止超车（解除）标志，防止车辆强超强会，规范道路行车秩序；通过设置限速标志、振动减速标线、区间测速电警，有效控制安全车速，预防疲劳驾驶。

经过治理，过往车辆强超强会现象明显减少，交通秩序改善，车辆能够保持安全车速，驾驶人疲劳驾驶得到有效预防。

二、新疆乌鲁木齐市达坂城区314国道长直线路段

（一）道路基本情况及问题分析

1.基本情况

G314线位于乌鲁木齐市东南部，地处戈壁区域，与G30连霍高速公路并行，两条道路可通过收费站实现互联互通，大部分大型货车因高速公路收费问题驶入G314线，特别是遇到降雪等恶劣天气高速公路交通管制时，大量车辆压缩至G314线，导致车流量远超设计通行量。

2.主要问题

（1）超速违法多发。该路段路况较好、视野开阔，西向东方向为下坡（坡度在

4%），设计速度为80km/h，但实际通行速度在100km/h左右，超速现象较为普遍。

（2）强超强会多发。该路段施划有道路中心单黄虚线，允许车辆越线，但实际中车辆越线逆行、强超强会现象多，极易发生迎面相撞事故。

（3）疲劳驾驶多发。G314道路线形平直、视野开阔，路外环境单调，极易导致驾驶人疲劳驾驶。

（二）优化方案

1.治理思路

针对超速违法的问题，完善速度管控措施，提醒驾驶人按照限制速度行驶；针对强超强会的问题，完善标志标线，提示警示驾驶人不要越过中心线行车；针对疲劳驾驶的问题，强化路段警示提示，引起驾驶人的警觉。

2.优化设计图

优化设计方案如图2-241所示。

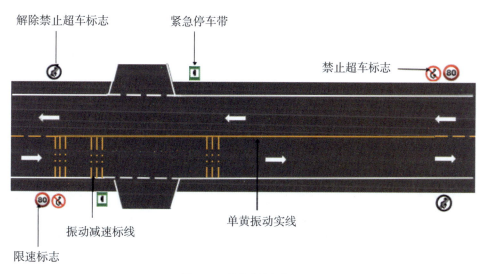

图2-241 优化设计方案

3.具体措施

（1）完善交通标志。设置禁止超车（解除）标志，提示车辆禁止越线超车，防止强超强会；设置限速（解除）标志，提示车辆注意行车速度，防止超速。

（2）完善交通标线。将道路中心单黄虚线改设为单黄振动实线，驾驶人因疲劳驾驶等原因越线驶入对向车道时，及时警示驾驶人；设置振动减速标线，控速、预防疲劳驾驶。

（三）效果对比分析

1.完善交通标志

治理前，无交通标志，如图2-242所示。治理后，设置限速、禁止超车标志，如图2-243所示。

图 2-242　治理前：无交通标志

图 2-243　治理后：设置限速、禁止超车标志

2.完善交通标线

治理前，道路中心线为黄虚线，如图2-244所示；无减速标线，如图2-245所示。治理后，道路中心黄色实线，采用振动标线，如图2-246所示；施划振动减速标线，如图2-247所示。

图 2-244　治理前：道路中心黄虚线

图 2-245　治理前：无减速标线

图 2-246　治理后：道路中心黄色实线，采用振动标线

图 2-247　治理后：施划振动减速标线

3.治理后俯拍图

治理后效果如图2-248所示。

图 2-248　治理后：俯拍图

（四）成效总结

本案例适用于路面平直、视野开阔，路外环境单调，易发生疲劳驾驶、强超强会、超速多发的平直路段，我国西北部地区类似的路段有很多。治理中，通过设置禁止超车（解除）标志、施划道路中心黄实线，引导驾驶人安全驾驶，规范路段行车秩序；通过设置限速标志、减速标线，控制车速；通过将标线设置为振动标线预防疲劳驾驶。

经过整治，在事故路段已实现降速、防止强超强会、警示疲劳驾驶的目标。

第二篇

典型路口优化提升

本篇所述的普通公路典型路口主要包括大型平交路口（包括十字形路口、T形路口、Y形路口）、小型平交路口、路侧接入口、畸形路口等。

第三章

典型路口风险与隐患排查重点、隐患治理措施综述

第一节 大型平交路口

一、存在风险

主要风险在于路口交通复杂，机动车、非机动车、行人交织，交通冲突多，不同交通方式之间存在冲突，不同方向的交通流之间也存在冲突。

二、隐患排查重点

一是路口交通秩序情况，如是否设置交通信号灯，并合理设置信号灯相位及配时。

二是交通标志标线情况，如路口及延伸路段的交通标志标线是否齐全规范。

三是路口是否进行渠化，交通组织是否合理。

四是路口的视距情况，如通视三角区是否存在植被、建筑物遮挡情况。

三、隐患治理措施

一是完善交通控制设施设置，按照《道路交通信号灯设置与安装规范》（GB 14886）要求设置道路交通信号灯。

二是完善交通标志标线，如路口预告标志、指路标志、车道分隔线、停止线等。

三是对路口进行渠化设计，按照相关标准规范，二级及二级以上公路的平面交叉必须进行渠化设计；三级及三级以上公路的平面交叉均应进行渠化设计；四级公路的平面交叉宜进行渠化设计。

四是保障行人过街安全，完善人行横道线、二次过街保护安全岛、警示桩等。

五是保障路口的视距。

普通公路安全隐患突出点段治理典型案例

第二节 小型平交路口、路侧接入口

一、存在风险

主要风险在于路口通行路权不明，未明确让行规则，且路口视距往往不良，导致事故隐患突出。

二、隐患排查重点

一是主路的路口警告标志、支路的让行标志等交通标志设置情况。

二是速度管控情况，如支路是否设置减速丘、减速标线等减速设施。

三是路口是否存在建筑、植被等遮挡，或因支路冲坡导致视距不良等。

四是路口夜间警示情况，如是否设置闪光警告信号灯（黄闪灯）或爆闪灯，以及道口标柱，以加强警示。

三、隐患治理措施

一是通过安装信号灯或完善让行标志等，明确路权和通行规则。

二是完善警示标志、警示桩、爆闪灯等，提升警示效果。

三是通过清理障碍物、坡改平等方式，保障路口视距。

四是控制安全行车速度，在主路施划减速标线，完善支路减速丘等。

第三节 畸形路口

一、存在风险

主要风险在于路口几何形状复杂且通行规则不明，交通渠化与组织通常不合理，不同方向的车流冲突和交织多，导致路口的交通秩序混乱，进而形成事故隐患。

二、隐患排查重点

一是路口几何形状是否合理，道路交角、路口岔数等设计是否符合相关规范。

二是路口交通组织和通行秩序情况，是否存在交通流严重冲突和交织等情况。

三是路口通行指引是否明确清晰，是否给与交通参与者明确的方向指示，引导按秩序通行。

三、隐患治理措施

一是具备条件的，优先改善路口几何形状，如道路拉直、临近路口合并，改善路口设计，提升基础通行条件。

二是进行交通控制与渠化设计，消减交通冲突点，理顺各方向交通流，打破原有交通瓶颈，减少隐患风险，提升通行效率。

三是加强通行指示，通过完善指路标志、地面标识、路口导向线等，给与交通参与者明确指引，引导按规则通行。

普通公路安全隐患突出点段治理典型案例

第四章

典型路口隐患排查与治理案例

第一节　十字形路口

一、江苏省连云港市灌云县穆南线与穆新线十字形路口

（一）道路基本情况及问题分析

1. 基本情况

灌云县穆南线与穆新线交叉口为十字形路口，穆南线为南北走向，二级公路，双向两车道，沥青路面，路面宽9m，设计速度为60km/h，双向高峰小时交通量为506pcu/d，小型客车占比81%；穆新线为东西走向，二级公路，双向两车道，沥青路面，路面宽9m，设计速度为60km/h，双向高峰小时交通量为209pcu/d，中大型车辆占比44%。

2. 主要问题

（1）路口右转线形不合理。硬路肩宽度为1m，较为狭窄，中大型车辆行经路口右转碾压侵入路肩现象突出，非机动车及行人过街等候区域过窄，易被右转车辆碰撞。

（2）路口交通标志、标线设置不规范。该路口设有限速标志和警告标志，但限速标志版面过小，不满足技术标准中标志外径要求，且交通标线磨损严重，视认性较差。

（3）路口交通通行秩序混乱。该路口位于穆圩集镇路段，路侧违法占道摆摊、停车现象突出，侵占交叉口路面，行人、非机动车横向干扰较大，且大型车辆转弯半径不足，易引发交通拥堵和事故。

（二）优化方案

1. 治理思路

针对路口右转线形不合理的问题，维修并拓宽硬路肩，扩大非机动车及行人过街等待区范围；针对交通标志、标线设置不规范的问题，按照标准要求对标志、标线进行更

新;针对交通秩序混乱的问题,对路侧环境进行集中整治,设置交通信号灯和配套技术监控设备,规范不同交通流通行秩序。

2.优化设计图

优化设计方案如图4-1所示。

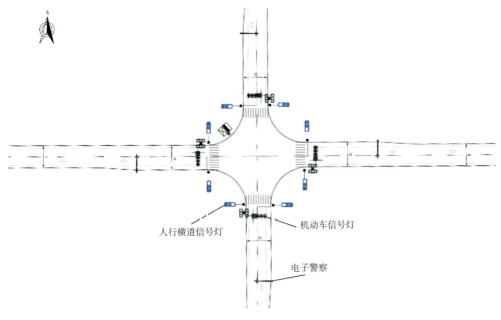

图4-1　优化设计方案

3.具体措施

(1)改善路口右转线形。对穆南线与穆新线交叉口停止线前45m右侧硬路肩进行拓宽处理,清理路侧广告牌、摊位等构筑物,使拓宽部分与现状路面边缘衔接。

(2)规范交通标志、标线设置。更换版面过小的限速标志,对交叉口磨损标线进行重新施划,转角处设置波形护栏、警示桩进行路宅隔离。

(3)设置交通信号灯和配套技术监控设备。对交叉口进行信号控制系统设计,设置四套机动车信号灯、非机动车信号灯及配套人行信号灯、监控设备,保障通行秩序和安全。

(三)效果分析

1.有效解决路侧硬化路面较窄、破损问题

治理前,道路边界不明确,如图4-2所示。治理后,路侧硬化拓宽,明确道路边界,如图4-3所示。

图 4-2　治理前：道路边界不明确

图 4-3　治理后：路侧硬化拓宽

2. 有效解决路口交通安全设施设置不规范问题

治理前，标线磨损不清，如图 4-4 所示。治理后，重新施划标线，设置人行横道线，如图 4-5 所示。

图 4-4　治理前：标线磨损不清

图 4-5　治理后：重新施划标线

3. 有效解决通行秩序混乱问题

治理前，路口无交通控制设备，如图 4-6 所示。治理后，增设交通信号灯和违法监控，如图 4-7 所示。

图 4-6　治理前：无交通控制

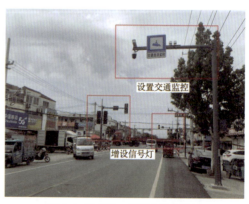

图 4-7　治理后：增设交通信号灯

4.有效解决路口右转易发生事故问题

治理前,路口拐角无护栏,如图4-8所示。治理后,车辆右转区设置隔离,如图4-9所示。

图4-8　治理前:路口拐角无护栏

图4-9　治理后:设置护栏

5.治理前后俯拍图

治理前路口整体情况如图4-10所示;治理后路口整体情况如图4-11所示。

图4-10　治理前俯拍图

图4-11　治理后俯拍图

(四)成效总结

本案例适用于路侧环境混乱的集镇路口的隐患治理。此类路口往往因占道摆摊,造成路口空间不足。治理中,通过拓宽道路路肩,进行硬化修复,清理路侧摊贩,改善了路口基础条件;通过设置交通信号灯和配套技术监控设备,改善了路口秩序;通过完善交通标志标线,加强了路口的安全警示和行车引导。本案例可以为类似路口隐患整治提供借鉴。经过治理,路口改善了右转线形,实施了交通控制,有效解决了交通秩序混乱问题。

二、山东省聊城市东阿县陈高路与010乡道十字形路口

（一）道路基本情况及问题分析

1.基本情况

该路口位于陈高路K3+100m与010乡道路口处，主路陈高路道路技术等级为三级，路面宽度为7m，双车道，设计速度为30km/h，限速为60km/h，沥青铺装路面，属于平原道路；该路口为直线段，支路为010乡道，技术等级为三级，路面宽度为4m，双车道，水泥铺装路面，属于平原道路。路口的道路标线、振动标线（磨损）、信号灯、护栏等安全设施缺失，日均流量达到1882余辆；其中大型车辆50余辆，占总车流量的比例为2.65%，一天中高峰流量时段为7:00—8:00和18:00—20:00，车辆平均运行速度为40km/h。

2.主要问题

（1）缺少交通控制。该路口既没有交通信号灯，也没有设置让行标志，路口的通行规则不明确，两条相交道路上的车辆存在严重冲突，存在事故隐患。

（2）警示提示不足。路口缺少提示，驾驶人无法及时知晓前方路况，无法提前预判安全风险并采取安全措施。

（3）存在视距遮挡。路外种植有较高的树木，遮挡了路口的通视三角区，驾驶人在临近路口时无法观察另一条道路的来车情况，遇紧急情况来不及反应。

（4）安全防护不足。路口的四周为农田，路面与农田存在一定的高差，形成临边道路，路侧缺少安全防护，车辆一旦冲出路外将发生翻坠，后果严重。

（二）优化方案

1.治理思路

针对缺少交通控制的问题，结合实际情况，通过完善让行标志明确路口路权；针对警示提示不足的问题，加强路况告知与风险提示，引导安全行车；针对视距遮挡的问题，清理遮挡路口通视三角区的障碍物；针对安全防护不足的问题，在临边路段设置路侧护栏。

2.具体措施

（1）明确通行路权。根据道路等级，将陈高路作为主路，010乡道作为支路，在010乡道临近路口处，设置停车让行标志，明确支路让主路的通行规则。

（2）加强警示提示。在主路设置路口警告标志、在路口处设置爆闪灯，完善路口处的减速标线。

（3）保障安全视距。清理路口处遮挡视距的树木，保障路口通视三角区的畅通。

（4）完善安全防护。在临边路段安装路侧护栏。

（三）效果分析

1.主路治理措施

治理后，主路设置路口警告标志，施划减速标线，如图4-12所示；主路设置测速反馈屏，黄闪灯，如图4-13所示。

图4-12　治理后：主路设置路口警告标志，施划减速标线　　图4-13　治理后：主路设置测速反馈屏，黄闪灯

2.支路治理措施

治理后，支路设置停车让行标志，如图4-14所示；支路设置振动减速标线和减速丘，爆闪灯，如图4-15所示。

图4-14　治理后：支路设置停车让行标志　　图4-15　治理后：支路设置振动减速标线和减速丘，爆闪灯

3.治理后俯拍图

治理后整体效果如图4-16所示。

（四）成效总结

本案例适用于农村地区低等级公路十字形路口的隐患治理。此类路口往往缺少交通

控制，流量较小，车速较快，不同方向的来车极易在路口相撞。治理中，通过增加让行标志来明确路权，化解路口冲突；通过设置路口警告标志和爆闪灯，强化警示提示；通过完善临边路段的路侧防护，保障路口视距。经过治理，支路车辆能够让行，驾驶人能够减速慢行，同时，路口的安全视距得到了保障，路侧防护得到了提升。

图 4-16 治理后俯拍图

三、江西省南昌市105国道K1674十字形路口

（一）道路基本情况及问题分析

1.基本情况

金山大道呈南北走向，路宽27.5m，双向六车道，中央绿化带隔离，沥青路面，原限速80km/h。金山大道105国道K1676+700m处的赤岗路口，位于樵舍镇连环赤岗村，村民生产生活需横过道路出入，由于金山大道通行环境好，车辆车速过快，且大型货车居多，加上部分驾驶人道路交通安全意识不强，严重威胁交通安全。

经统计，该路段日均流量达到2.2万辆；其中大型车辆约7400辆，占总车流量的比例为33.63%，一天中高峰流量时段为10:00—16:00；车辆平均运行速度为50~70km/h。

2.主要问题

（1）路口交通安全风险突出。路口处无交通控制、无警示提示措施、无减速设施，通行规则不明，秩序混乱、车速较快，事故隐患突出。

（2）沿线中央分隔带开口过密。金山大道穿村过镇，将经开区樵舍镇几个村镇一分为二，在道路建设时，中心隔离花圃护栏逢支路设置开口。因金山大道路况良好，货车通行量大，车速普遍过快，开口过多易发生交通事故。

（3）路段照明不良。金山大道地处村镇地区，基础设施保障较弱，多处路段无路灯照明，夜间行车视线不良，夜间交通安全隐患大。

（二）优化方案

1.治理思路

针对路口交通安全风险突出的问题，完善交通控制措施、警示提示措施、控速措施，规范路口秩序，改善安全；针对中央分隔带开口过密的问题，封闭部分中央开口，减少横向干扰；针对照明不良的问题，完善照明设施，提高夜间安全水平。

2.优化设计图

路口优化设计方案如图4-17所示。

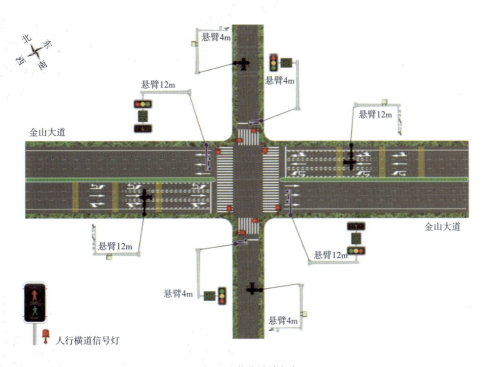

图4-17　优化设计方案

3.具体措施

（1）完善路口基础设施。增设路口4个方向交通信号灯及电警等配套设施；路口增设振动减速标线；完善道口标柱、警告标志。

（2）改善中央开口安全。封闭9处中央隔离护栏开口，并会同属地乡镇对周边村民做宣教工作，配套完善2处信号灯路口交通安全设施，修复1处地下涵洞，方便村民掉头、绕行。

（3）增加路灯照明设施。金山大道全段14个路口及村庄出入口加装56盏路灯，增强夜间出行照明，弯道处波形护栏完善反光贴。

（三）效果分析

1.有效解决路口缺少交通控制问题

治理前，路口无交通信号灯，如图4-18所示。治理后，增设交通信号灯，如图4-19所示。

图 4-18 治理前：无交通信号灯

图 4-19 治理后：增设交通信号灯

2.有效解决路口行人过街问题

治理前，无行人过街设施，如图4-20所示。治理后，增设人行横道线及预告标志，提醒车让人，如图4-21所示。

图 4-20 治理前：无行人过街设施

图 4-21 治理后：增设人行横道

3.有效解决路口车速过快问题

治理前，无速度管控措施，如图4-22所示。治理后，增设减速标线及慢行提示，如图4-23所示。

图 4-22　治理前：无速度管控措施

图 4-23　治理后：增设慢行提示

4.有效解决国道沿线中央开口过多问题

治理前，道路中央开口较密，如图4-24所示。治理后，封闭部分中央开口，如图4-25所示。

图 4-24　治理前：中央开口过密

图 4-25　治理后：封闭部分开口

5.治理后俯拍图

治理后路口整体效果如图4-26所示。

图 4-26　治理后俯拍图

（四）成效总结

本案例适用于缺少交通控制、行车秩序混乱的路口的隐患治理，由于通行规则不明，路口交通冲突严重，风险突出，同时道路沿线中央分隔带开口多，横向干扰严重，造成隐患。治理中，通过完善路口的交通信号灯、警示设施、减速设施等，规范路口行车秩序，改善安全性；通过封闭部分中央分隔带开口，减少主线交通的横向干扰，提升安全水平；通过完善道路照明，改善夜间交通安全。经过治理，路口的机动车、非机动车、行人能够按照交通信号灯的指示通行，路口的交通安全水平得到大幅改善。

第二节　T形路口

一、吉林省通化市辉三线与驼姜线T形路口

（一）道路基本情况及问题分析

1. 基本情况

S207辉三线与X102驼姜线平交路口，柏油路面。主路S207辉三线为东西走向省级公路，路面宽度16m，双向两车道，设计速度70km/h；支路X102驼姜线为南北走向县级公路，路面宽度8m，双向两车道，设计速度70 km/h。此平交路口日均车流量较大，以小型汽车和大型车辆居多，日均过往车辆约2600辆。事故形态以碰撞运动车辆为主，事故成因以主路（辉三线）车辆速度较快、支路（驼姜线）驶入主路车辆未让行为主。路口设有交通设施警示桩、标志标线。

2. 主要问题

（1）路口无交通控制。路口为T形路口，主路车辆与支路车辆在路口交会形成交通冲突，但路口既没有交通信号灯，也没有让行标志，通行规则不明，交通无序，存在隐患。

（2）路口无交通渠化。路面没有渠化标线，车辆在路口处行车轨迹混乱，随意通行，导致路口整体的交通运行不规范，进一步增加了交通冲突和安全隐患。

（3）路口车速过快。路口缺少速度管控，主路、支路途经路口的车辆行驶速度都较快，一旦发生事故，后果严重。

（4）路口视距不良。路口的通视三角区内存在岗亭、广告牌等障碍物，驾驶人临近路口时无法观察相交道路的来车情况。

（二）优化方案

1.治理思路

针对路口无交通控制问题，在支路设置让行标志，明确通行路权；针对路口无渠化问题，完善地面渠化标线，使得各方向车辆能够"各行其道"；针对路口车速过快问题，完善减速设施，控制安全车速；针对路口视距不良问题，移除遮挡路口视距的障碍物。通过上述整改措施，有效提醒车辆驾驶人经过路口时停车让行，慢速通过，规范车辆按路面标识通行，提升安全性。

2.优化设计图

优化设计方案如图4-27所示。

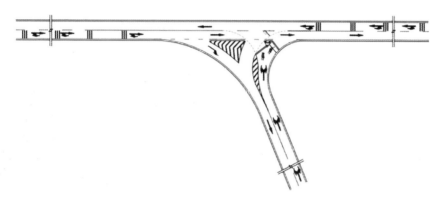

图4-27 优化设计方案

3.具体措施

（1）增设让行标志。根据道路等级，明确辉三线为主路，驼姜线为支路，在支路完善停车让行标志和停车让行线，明确支路让主路的路口通行规则。

（2）完善渠化标线。根据路口"喇叭形"的空间特点，在路口施划道路中心线、导流线、导向箭头，区分直行、左转、右转车道，分隔不同方向的交通流。

（3）完善速度管控。施划减速标线，并采用振动标线的形式，提示驾驶人减速慢行。

（4）改善路口视距。清理路口通视三角区的岗亭、广告牌，保障路口安全视距。

（三）效果分析

1.有效解决路口交通秩序混乱问题

治理前，路口无渠化标线，如图4-28所示。治理后，对路口进行渠化，完善交通组织，如图4-29所示。

图 4-28 治理前：路口无渠化

图 4-29 治理后：对路口进行渠化，完善交通组织

2. 有效解决路口车速过快问题

治理前，无速度管控措施，如图4-30所示。治理后，增设测速设备和减速标线，如图4-31所示。

图 4-30 治理前：无速度管控措施

图 4-31 治理后：增设测速设备和减速标线

3. 有效解决路权不明问题

治理前，路口路权不明，无路权类标志，如图4-32所示。治理后，支路完善让行标志标线，如图4-33所示。

图 4-32 治理前：未明确让行规则

图 4-33 治理后：支路完善让行标志标线

4.有效视距不良问题

治理前，路口存在视线遮挡，如图4-34所示。治理后，清理障碍物保障视距通透，如图4-35所示。

图 4-34　治理前：存在视线遮挡

图 4-35　治理后：清理障碍物

（四）成效总结

本案例适用于T形"喇叭口"的隐患治理。此类路口的中心空间较大，如缺少渠化设计，会导致行车轨迹混乱，影响交通秩序，增加交通冲突。治理中，通过明确主路、支路，并在支路设置让行标志，明确路权；通过对路口进行渠化，规范各方向车辆行驶路线，改善路口秩序；同时完善路口的速度控制，保障安全视距。经过治理，路口明确了通行路权，缓解了交通冲突，经过渠化，路口各方向车辆能够"各行其道"，通行秩序和安全水平得到有效提升。

二、上海市浦东新区宣黄公路与陶桥路T形路口

（一）道路基本情况及问题分析

1.基本情况

宣黄公路与陶桥路路口位于浦东新区惠南镇工业园区，周边大型工厂林立，是重要的交通运输节点路口。路口主要以工厂企业员工通勤和货物运输通行为主。

宣黄公路道路宽度26m，车道分布为四快两慢，东西走向，沥青路面；陶桥路道路宽度10m，车道分布为两快两慢，南北走向，沥青路面。上述两条道路整体线形基本平直，相交路口为T形路口。

2.主要问题

（1）路口缺少交通控制。路口未设置交通信号灯，途经机动车车速较快，一旦驾驶

人疏忽大意，未能遵守安全通行原则，易引发交通事故。

（2）货车右转安全问题突出。路口大型车辆右转流量大，因货车视线盲区大，驾驶人在右转时不易观察，货车右转剐蹭、碾压路口非机动车、行人的事故风险突出。

（3）基础警示提示缺失。路口的警示提示、行车诱导等设施缺失，无法有效引起交通参与者的警觉。

（二）优化方案

1.治理思路

针对路口缺少交通控制的问题，设置交通信号灯明确通行路权，化解交通冲突；针对货车右转事故风险突出的问题，设置非机动车及行人过街安全等候区，完善右转机非隔离，降低事故风险；针对基础警示提示缺失的问题，完善交通标志标线，加强警示与控速措施。

2.优化设计图

优化设计方案如图4-36所示。

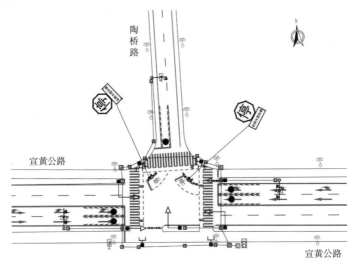

图4-36 优化设计方案

3.具体措施

（1）增设信号灯。对照《道路交通信号灯设置与安装规范》（GB 14886）要求，在路口设置机动车信号灯、行人信号灯，以满足行人过街通行需求。为提升治理效能，采用智能信号机，能够根据交通量变化调整配时方案，提升通行效率。

（2）增设违法抓拍设施。在路口新建违法抓拍设施，可对闯红灯、不按车道行驶、逆行等交通违法行为进行取证，同时可采集交通流量、排队长度等交通参数，进一步优化路口信号配时。

（3）完善货车右转保护。施划非机动车及行人过街安全等候区，设置机非隔离设施，配套安装大型货车右转必停标志，提醒大型货车驾驶人在右转时停车观察，确保安全后继续通行。

（4）标志标线优化调整。规范路口交通标志标线设置，拆除与信号灯控制路口冲突的标志标线，增设纵向减速标线，限速警告标志，在近路口处车道铺设反光道钉，便于夜间车道识别，进一步提高路口通行安全水平。

（三）效果分析

1.明确路权规则

治理前，路口无交通信号灯，如图4-37所示。治理后，增设交通信号灯，如图4-38所示。

图4-37　治理前：路口无交通信号灯

图4-38　治理后：增设交通信号灯

2.完善安全行车指引

治理前，路口无减速标线，如图4-39所示。治理后，增设减速标线和路面反光道钉，如图4-40所示。

图4-39　治理前：无减速标线

图4-40　治理后：增设减速标线

3.完善非机动车保护

治理前,路口无机非隔离设施,如图4-41所示。治理后,增设机非隔离护栏和右转让行标志,保证非机动车安全,如图4-42所示。

图 4-41　治理前:路口无机非隔离设施　　　　图 4-42　治理后:增设机非护栏

(四)成效总结

本案例适用于货车右转流量大的非灯控T形路口的隐患治理。此类路口由于缺少交通控制,冲突多,隐患大,货车右转事故风险突出。治理中,通过交通信号灯的增设,保障了路口基本的交通秩序,化解了交通冲突;通过交通标志标线的完善,增强了警示效果,控制了安全车速;通过增设货车右转必停标志、机非隔离设施,可有效防止货车右转事故。经过治理,该路口的交通冲突得到控制,路口的行车秩序得到改善,警示提示效果增强,货车右转安全隐患得以消除。

三、西藏自治区林芝市318国道与达则路T形路口

(一)道路基本情况及问题分析

1.基本情况

该路口属318国道与达则路3号路(林芝镇乡村道路)相交的T形路口,是林芝镇小集镇主要交通路口,318国道呈南北走向,达则路3号路呈东西走向,道路两侧均为居民商铺。该T形路口人流量较大,交通环境复杂,周边商户较多,交通事故频发。该路口4月至10月高峰期时日均车流量10万余辆,且过往大型货车较多,日均达500余辆,道路两侧车辆违停乱象突出。

2.主要问题

(1)交通冲突严重。该路口流量较大,已达到安装交通信号灯的条件,由于信号灯缺失,路权不明,各方向的车辆间存在严重的交通冲突。

（2）行人过街隐患大。该路口行人横穿马路现象严重，由于人行横道线磨损严重已无法视认，行人过街地点随意且无序，机动车碰撞过街行人的事故风险突出。

（3）警示控速措施不足。路口无限速警示标志标牌，318国道及达则路3号路均无速度控制设施，且道路为下坡，车辆行驶速度较快，易发生交通事故。

（二）优化方案

1.治理思路

针对交通冲突严重的问题，安装交通信号灯进行交通控制，化解交通冲突，改善秩序保障安全；针对行人过街隐患大的问题，修复人行横道线，引导行人在规定地点有序过街；针对警示控速措施不足的问题，完善相关基础设施。

2.优化设计图

优化设计方案如图4-43所示。

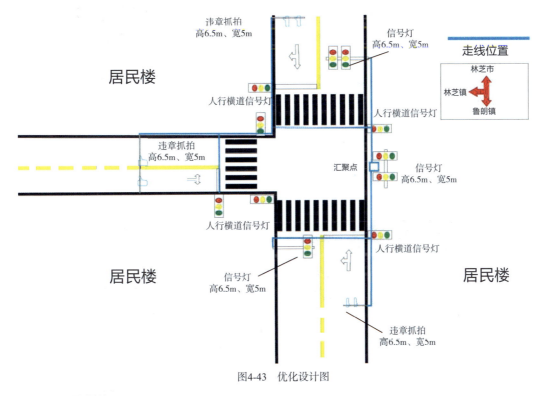

图4-43 优化设计图

3.具体措施

（1）安装交通信号灯。在该路口的3个方向安装信号灯，加强交通控制，规范行车秩序。

（2）完善行人过街设施。修复路口的人行横道线，并增设行人、非机动车信号灯，引导行人、非机动车有序过街。

（3）完善基础设施。在达则路3号路路口安装减速丘，在318国道两个方向安装警示灯及提示警示标志等安全设施，有效控制车辆速度。

（三）效果分析

1.有效解决行人横穿马路、行车秩序混乱问题

治理前，人行横道线严重磨损，如图4-44所示。治理后，修复人行横道线，如图4-45所示。

图4-44　治理前：人行横道线严重磨损

图4-45　治理后：修复人行横道线

2.加强交通控制，规范行车秩序

治理前，路口无交通信号灯，如图4-46所示。治理后，增设交通信号灯，如图4-47所示。

图4-46　治理前：无交通信号灯

图4-47　治理后：增设交通信号灯

3.治理后俯拍图

治理后整体效果如图4-48所示。

图4-48　治理后俯拍图

（四）成效总结

本案例适用于国省道过境城市集镇且行人过街流量大的T形路口的隐患治理。此类路口无交通控制，行人随意过街，机动车碰撞过街行人风险大。治理中，通过增设交通信号灯，化解交通冲突，明确路口通行规则；通过完善行人过街设施，引导行人有序过街，缓解行人过街对道路交通的干扰；通过完善警示标志、减速丘，进一步提升路口安全性。经过治理，该路口交通冲突得到化解、交通秩序得以改善，行人、非机动车能从人行横道线有序过街，过往车辆也能减速慢行。

第三节　Y形路口

一、河北省承德市112国道煤岭沟Y形路口

（一）道路基本情况及问题分析

1.基本情况

该路口位于承德市兴隆县京环线与煤岭沟村道路、兴隆县某建筑器材设备租赁站出入口相交的不规则Y形路口。京环线（112国道）K877+970m，为东西走向，大型车辆

多、车速较快。

根据统计数据,该路口日均车流量达19000辆;大型车辆日均3000辆,占总车流量的15.78%,一天中高峰流量时段为18:00—23:00,车辆平均运行速度为50km/h。

导致事故的主要违法行为为车辆通行未降低行驶速度,未及时避让。

2. 主要问题

(1)路权不明晰。该路口为Y形路口,支路接入主路,但在路口处既无交通信号灯,支路也未设置让行标志,各个流向车辆冲突明显,路权不清晰。

(2)路口视距不良。主路接近路口的方向为弯道,驾驶人不易观察到支路口,无法提前预判风险并采取措施。

(3)路口车速较快。主路为112国道,道路等级高,车辆速度普遍较快,支路口因流量较小同样车速快,一旦发生事故,后果较为严重。

(二)优化方案

1. 治理思路

针对路权不明晰的问题,通过设置让行标志,明确路口的路权,保障秩序;针对路口视距不良的问题,完善警示提示,让驾驶人提前知晓前方路况信息,增加反应时间;针对路口车速较快问题,完善减速设施,控制安全车速。

2. 优化设计图

优化设计方案如图4-49所示。

3. 具体措施

(1)完善交通标志。在主路安装急弯、路口警告、限速(解除)标志,告知驾驶人行车风险,引导安全驾驶;支路设置停车让行标志,明确支路让主路。

(2)完善交通标线。在主路弯道视距不良处施划中心实线,禁止车辆超车,保障行车秩序,施划人行横道线、预告标线,以及减速标线;支路施划停车让行线。

(3)完善其他安全设施。设置会车预警系统,提示路口来车情况,提高驾驶人警惕性;完善电子抓拍设备、路灯、道口标柱。

(三)效果分析

1. 有效解决交通控制缺失问题

治理前,路口无交通控制,如图4-50所示。治理后,设置停车让行标志和标线,明确支路让主路,如图4-51所示。

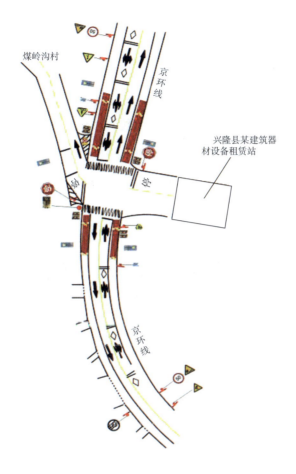

图4-49 优化设计方案

图4-50 治理前：无交通控制

图4-51 治理后：完善让行控制

2.有效解决标志、标线缺失问题

治理前，交通标志、标线缺失，如图4-52所示、图4-53所示。治理后，完善路口警告标志，如图4-54所示；完善交通标线，如图4-55所示。

图 4-52　治理前：交通标志缺失

图 4-53　治理前：交通标线缺失

图 4-54　治理后：完善交通标志

图 4-55　治理后：完善交通标线

3.有效解决来车预警缺失问题

治理前，无会车预警措施，如图4-56所示。治理后，增设会车预警系统，如图4-57所示。

图 4-56　治理前：无会车预警设备

图 4-57　治理后：增设会车预警系统

（四）成效总结

本案例适用于主干公路与支路的非交通信号灯控制的Y形路口的隐患治理。该类路口处在弯道路段，较为隐蔽，且过往车速快，隐患突出。治理中，通过完善急弯路、路口警告等警示标志，告知驾驶人安全风险；通过完善限速标志、减速标线，控制安全车速；通过在支路完善停车让行标志，明确路口路权。通过科技设备、执法设备，进一步加强安全预警，震慑违法行为。经过治理，路口明确支路让行主路，交通冲突化解，驾驶人途经路口时能够保持安全车速，谨慎驾驶。

二、黑龙江省绥化市309省道与101县道Y形路口

（一）道路基本情况及问题分析

1.基本情况

该路口位于309省道建新公路与X101县道交汇处，道路为双向两车道，道路中间施划有单实线。道路呈东西走向，平直，路面宽度为8.5m，两侧路肩宽度为0.5m，边沟宽度为1.5m。建新公路为海伦市辖区通往望奎县、明水县的主要道路，平时比较繁忙，日均交通流量逾千辆。道路交通安全设施建设仍然停留在初建时状态，行车道间有黄实线，并设有交通标志，无任何安全提示标志及警示、减速设施。

2.主要问题

（1）缺少交通控制。该路口为Y形路口，不同方向的交通流在此汇聚交织，没有交通信号灯进行交通控制，各方向的交通流形成交通冲突，成为事故隐患。

（2）缺少组织渠化。路面交通标线较为混乱，缺少行车导向指引，车辆在经过路口时随意行车，行驶轨迹不一，加剧了交通冲突。

（3）缺少警示提示。路口少指路标志，驾驶人容易因前进方向不明而在路口停车，同时，路口的警示不足，未能引起驾驶人的警惕，通过时车速较快。

（二）优化方案

1.治理思路

针对缺少交通控制的问题，根据路口实际情况完善交通控制措施；针对缺少组织渠化的问题，通过交通标线明确各方向车辆的行车路线，使路口通行有序；针对缺少警示提示的问题，完善指路标志、警示标志，加强行车诱导。

2.优化设计图

优化设计方案如图4-58所示。

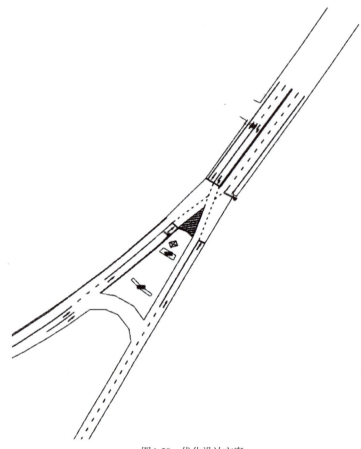

图4-58 优化设计方案

3.具体措施

（1）加强交通控制。在路口增设了交通信号灯，从时间上隔离不同方向的交通流，化解路口交通冲突，同时规划一条掉头车道。

（2）规范交通秩序。通过车道线、路口导向线等交通标线的设置，明确了车辆途经路口时的行驶路线，设置禁止右转等禁令标志，进一步明确通行规则，改善行车秩序。

（3）加强警示提示。增设警告标志、禁令标志、指路标志等，给予驾驶人明确的信息提示，告知前方道路方向以及行车注意事项，增设防撞桶4个。

（三）效果分析

1.对路口进行渠化设计

治理前，路口缺少渠化设计，交通标线不完善，如图4-59所示。治理后，重新施划标线，通过标线进行交通渠化，如图4-60所示。

图 4-59　治理前：标线不完善

图 4-60　治理后：重新施划标线

2. 增加交通控制

治理前，无交通信号灯，如图4-61所示；无交通标志，如图4-62所示。治理后，增设交通信号灯，如图4-63所示；设置禁止右转标志，明确通行规则，如图4-64所示。

图 4-61　治理前：无交通信号灯

图 4-62　治理前：无指示标牌

图 4-63　治理后：增设交通信号灯

图 4-64　治理后：明确通行规则

（四）成效总结

本案例适用于公路交叉角度较小的Y形路口的隐患治理。此类路口驾驶人不易辨别行车方向，行驶不规范，加之路口缺少交通控制和渠化，导致风险突出。治理中，通过在路口安装交通信号灯，完善指路、禁令标志，给予驾驶人明确的行车指示；通过完善地面标线渠化路口，规范车辆行驶路线，改善路口交通秩序；通过完善警示提示，引导驾驶人谨慎、减速通过。同类型的道路分岔Y形路口可参考借鉴。经过治理，减少了路口车流交通冲突，加强了路口的行车秩序，能够有效提示过往车辆驾驶人注意控制车速、减速通过。

第四节　畸形路口

一、浙江省宁波市宁海县丹东线与越白线畸形路口

（一）道路基本情况及问题分析

1.基本情况

丹东线K3180+650m处为G228丹东线宁海段与X427越白线平面交叉口，两条道路交叉角度最小处仅51°。其中，G228丹东线宁海段为二级公路，路基路面宽度12m，双向两车道，设计速度60km/h。X427越白线为四级公路，路面宽度6m，双向两车道，设计速度20km/h。路口日均流量约8200辆，其中大型车辆约1000辆，车辆平均运行速度约40km/h。

2.主要问题

（1）路口线形设计不合理。丹东线与越白线交叉角度最小处仅51°，路口几何形状不合理，根据《公路路线设计规范》（JTG D20—2017），公路斜交时，其锐角不应小于70°。

（2）道路交通秩序混乱。该路口无信号灯控制，通行冲突较多；车速快、交通守法率低，加大交通事故发生概率；非机动车提前左转、随意穿行公路、抢道、混行现象突出。

（3）路口视距不良。路口通视三角区内绿植过高过密，安全视距问题突出；道口接入坡度问题造成电动二轮、三轮车加速进入路口国道主线，急性交通冲突明显。

（二）优化方案

1.治理思路

按照"隔封亮建透"思路进行治理。针对路口线形设计不合理的问题，改善线形设计，规范行车轨迹；针对交通秩序混乱的问题，设置信号控制、机非隔离设施，减少交

通冲突；针对路口视距不良的问题，抬升支路路基，降低接入坡度，清理遮挡视距的障碍物。

2.优化设计图

优化设计方案如图4-65所示。

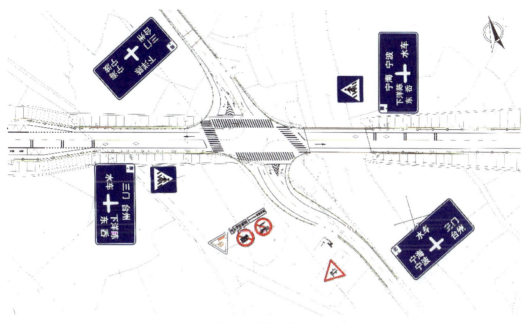

图4-65　优化设计方案

3.具体措施

（1）路口交叉线形优化。拓宽交叉口，将斜交锐角由原51°改善为65°，提升车辆行驶的流畅性。

（2）实施交通控制。在路口新建交通信号灯，实施信号灯控制，有效减少交通冲突。

（3）路口视距改善。对支路接入进行"降坡"处理，排除路口通视三角区视线遮挡，提升行车视线通透性；设置高杆路灯照明，有效提升夜间路口行车安全水平。

（4）其他交通安全设施提升。设置机非隔离护栏，保障慢行交通安全空间；施划减速标线，降低路口通行速度；完善限速等警示标志，加强告知指引。

（三）效果分析

1.交叉线形优化及交通控制优化

治理前，路口无交通信号灯控制，路口51°小角度交叉，如图4-66所示。治理后，路口设有交通信号灯控制，路口改造后65°交叉，如图4-67所示。

图4-66 治理前：路口无信号控制

图4-67 治理后：完善信号控制

2.路口视距优化

治理前，接入道路坡度较大，照明不足，路口通视三角区视线遮挡，如图4-68所示。治理后，坡度平缓，高杆路灯照明充足，路口通视三角区视线通透，如图4-69所示。

图4-68 治理前：接入道路坡度大

图4-69 治理后：坡度平缓

3.优化交通安全设施

治理前，无机非隔离设施，如图4-70所示；交通标线不完善，如图4-71所示。治理后，完善机非隔离护栏，如图4-72所示；增设减速标线、人行横道预告标线，如图4-73所示。

图4-70 治理前：无机非隔离设施

图4-71 治理前：交通标线不完善

图4-72　治理后：完善机非隔离护栏

图4-73　治理后：增设交通标线

4.治理后效果

治理后路口效果如图4-74所示。

图4-74　治理后：改善路口几何形状

（四）成效总结

本案例适用于平面斜交线形不畅、交通控制及交通安全基础设施欠缺、行车视距不良、相交道路存在"冲坡"的平交路口隐患治理。此类路口多种隐患叠加，风险突出。治理中，通过工程改造，优化路口线形，提升行车顺畅性；通过设置信号灯，化解交通冲突；通过"降坡"、清理障碍，保障视距；通过完善机非隔离设施、完善警示标志、施划减速标线，进一步提升安全。经过治理，该事故多发点已实现路口线形改善、交通冲突控制、警示提示、安全视距提升等目标。

二、山东省威海市威青一级路与小庄村村道相交畸形路口

（一）道路基本情况及问题分析

1.基本情况

该路口位于威青一级路环翠区温泉镇小庄村，威青一级路为G1813威青高速公路连接线，是进出威海市的主要通道，双向四车道，分离式路基，设计速度80km/h，下坡距离400m。该路段日均车流量40498辆，其中大型车辆2610辆，占比6.5%；车辆平均速度74km/h。

2.主要问题

（1）进出主路车辆速度差过大。威青一级路车流量大、车速快，而出入小庄村的车辆行驶速度较慢，导致主路进出口处存在较大的速度差，严重影响主路直行车辆通行，时常导致交通拥堵及事故。

（2）路口设置不合理。原路口存在较多冲突点，去往各方向的车流在此交织冲突，秩序混乱，且路口设置在一坡道的中间，选位不当。

（二）优化方案

1.治理思路

针对进出主路车辆速度差过大问题，在主路威青一级路增设加、减速车道，完善低速交通流与高速交通流的安全过渡；针对路口设置不合理的问题，将路口的位置迁移，由原先的坡道中间移至坡顶，并且结合实际情况，将交叉形式改为环形交叉。

2.优化设计图

优化设计方案如图4-75所示。

3.具体措施

（1）完善加、减速安全过渡。设置主路进入环岛缓冲段，在主路增加加速、减速车道，在不减少主路车道的情况下，避免进出环岛车辆与主路直行车辆发生冲突。

（2）优化交叉口设置。将原处于长下坡中间的平交路口向坡顶方向挪移超过150m，并将路口平交接入改为环岛接入，合理确定环岛半径，增大车辆转向角度，提升路口安全水平。

（3）其他安全措施。新建2处测速点位、投入2套会车预警系统；重新施划道路标线，由远及近增设提示、警示等标志标牌；将路口原有树木改为低矮冬青，有效增加视距范围。

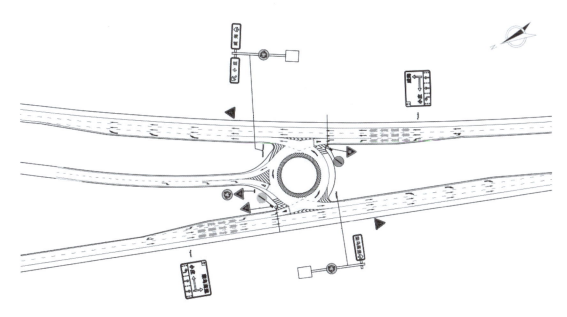

图4-75 优化设计方案

（三）效果分析

1.优化路口交叉形式

治理前，该路口为多路畸形交叉，如图4-76所示；治理中，进行路口位置迁移，如图4-77所示；治理后，路口改为环形交叉，如图4-78所示。

图4-76 治理前：多路交叉

图 4-77 治理中：路口位置迁移

图 4-78 治理后：环岛交叉

2.完善进出车辆安全过渡

治理前，主路无过渡车道，直接与路口相接，主路支路车速差大，存在安全隐患，如图4-79所示。治理后，主路增设加速、减速过渡车道，供主路车辆提前加速、减速，帮助车速平滑过渡，如图4-80所示。

3.其他安全措施

治理后，增设测速设备，完善指路标志，如图4-81所示；完善路面标线，如图4-82所示。

图 4-79　治理前：主路直接与路口相接

图 4-80　治理后：主路增设加速、减速车道

图 4-81　治理后：增设测速设备

图 4-82　治理后：完善路面标线

（四）成效总结

本案例适用于主路支路速度差较大的多路交叉路口的隐患治理。此类路口主路快速行驶的车辆与支路速度较慢的车辆直接交会，存在较大隐患。治理中，通过在主路增设加速、减速车道，给予进出支路车辆安全过渡空间，解决主路与支路速度差过大的问题；通过改为环岛交叉，缓解交通冲突，使车辆进出主路前得以平滑过渡；通过设置限速、投入科技设备、加强警示等措施，进一步提升路口安全性。经过治理，路口实现上下行、直行车辆分流，并且通过环形交叉缓解了交通冲突，路口整体的安全系数及通行效率均得到大幅提升。

三、湖北省鄂州市新106国道与老106国道畸形路口

（一）道路基本情况及问题分析

1.基本情况

该路口位于鄂州市碧石渡镇，是由新G106、老G106交叉形成的异形Y形交叉口。新

G106为双向四车道，道路宽度15m，路肩宽度2m，限速80km/h，中间设置有波形隔离护栏；老G106是鄂城区江碧路，双向两车道。该处过境交通流量大，大型货车较多，交通组织复杂，交通冲突严重。现状路口设有交通信号灯，但无电子警察等监控设备，车辆闯红灯、不按规定车道行驶现象频发，存在严重交通安全隐患。

该路口近半年日均流量车辆约2000辆，其中大型车辆约1200辆，一天中高峰流量时段为6:00—8:00；平均运行速度50km/h。

2.主要问题

（1）路口交通冲突严重。因道路设计问题，从黄石方向到泽林方向的车辆，需由新G106道路左转进入江碧路，左转车辆的行驶轨迹与道路线形相反，不符合驾驶人的驾驶习惯；路口内东侧开口通行规则不明确，交通冲突明显，存在事故风险，如图4-83和图4-84所示。

（2）交通安全基础设施不完善。路面的交通标线磨损严重，难以识别，加剧了交通秩序混乱，交通标志破损老旧，同时路口无照明设备，夜间视距差。

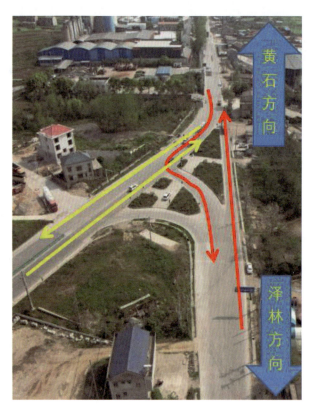

图4-83 交通冲突明显

图4-84 通行秩序混乱

（二）优化方案

1.治理思路

针对路口交通冲突严重的问题，对路口实施工程改造，优化车道、线形设置，改善交通秩序，化解交通冲突；针对路口基础交通安全设施不全的问题，加强标志标线的设置，完善路口照明。

2.优化设计图

优化设计方案如图4-85所示。

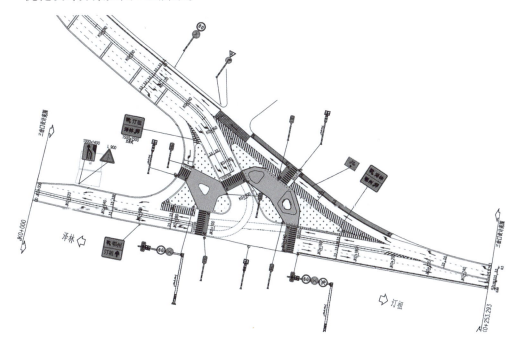

图4-85 优化设计方案

3.具体措施

（1）优化路口设计。对路口结构进行改造，拆除原有交通安全岛，拓宽部分车道，由单向通行改为双向通行，对部分车道线形进行优化，完善渠化标线，明确不同方向车辆行驶路线。

（2）明确通行路权。增设交通信号灯和相应管控设施，根据道路线形、驾驶习惯、路口占地面积大小等情况综合考虑，重新设计路口内通行规则，明确通行路权，规范行车秩序。

（3）加强警示防护。按照相关规范和路口实际隐患问题增设交通安全设施，完善交通警告标志和指路标志，增设电子警察及监控设备对违法行为进行抓拍，安装中央隔离护栏及机非护栏。

（三）效果分析

1.改善路口渠化

治理前，路口通行规则不明，渠化缺失，如图4-86所示。治理后，对路口进行渠化设计，明确通行规则，如图4-87所示。

图4-86 治理前：路口通行规则不明，渠化缺失

2.完善交通安全设施

治理前，交通安全设施缺失，如图4-88所示。治理后，完善交通标线，增设道路中央护栏和监控设备，如图4-89所示。

图 4-87　治理后：工程改造，渠化设计，明确通行规则

图 4-88　治理前：交通安全设施缺失

图 4-89　治理后：完善交通标线，增设道路中央护栏和监控设备

（四）成效总结

本案例适用于路形设计不规则、多路交叉的路口的隐患治理。此类路口线形设计、车道设置不合理，通行权不明确，导致秩序混乱，事故风险突出。治理中，通过改造路口的形状、占地，予以渠化，从而优化线形与车道设置，理顺交通流；通过完善信号灯，结合路口实际情况设计通行规则，改善路口行车秩序；通过完善交通标志标线、隔离设施、照明等，综合性提升安全水平。经过治理，该路口的构造、线形、车道设置均已优化，原先通行规则不明、秩序混乱的情况得以大幅改善。

第五节 路侧接入口

一、山西省吕梁市兴县337国道K748路侧接入口

（一）道路基本情况及问题分析

1.基本情况

该路口位于337国道K748+200m山西省吕梁市兴县奥家湾乡交口村路段，G337公路等级为二级，双向单车道，设计速度60km/h，路面宽度8.5m，总体东西走向。该路段横穿村庄，村庄两端为弯道，中间平直，有村口，混合交通状况，车辆平均运行速度为55km/h。

2.主要问题

（1）通行规则不明。路口既没有设置交通信号灯，支路内也没有设置让行标志，主路、支路车辆在此冲突，形成安全隐患。

（2）警示提示缺失。路口较小较隐蔽，且337国道上没有路口警告标志，主路驾驶人不易发现路口，无法提前预判风险做出反应。

（3）路口车速过快。337国道的车速较快，主路、支路均未设置减速设施，易导致驾驶人遇突发情况来不及反应。

（二）优化方案

1.治理思路

针对通行规则不明的问题，在支路设置让行标志，明确支路让主路的通行规则，化解路口冲突，规范行车秩序；针对警示提示缺失的问题，在主路设置路口警告标志，告知驾驶人风险，引起驾驶人的警惕，进而规范驾驶；针对路口车速过快的问题，完善主路与支路的减速设施。

2.优化设计图

优化设计方案如图4-90所示。

图4-90 优化设计方案

3.具体措施

（1）主路措施。在该路段增设事故多发警告标志、急弯路警告标志、限速40km/h（解除）标志、禁止超车（解除）标志，施划道路中心黄色实线和减速标线，增设测速显示屏。

（2）支路措施。在支路口内设置让行标志、减速丘，在支路口处完善道口标柱。

（三）效果分析

1.强化主路提示警示

治理前，主路无警示标志，如图4-91所示。治理后，主路增设事故易发路段警示标志、爆闪灯，如图4-92所示。

图4-91 治理前：主路无警告标志

图4-92 治理后：主路增设警告标志

2.控制主路安全车速

治理前,主路无速度管控措施,如图4-93所示。治理后,主路增设限速标志,施划振动减速标线,如图4-94所示。

图4-93 治理前:主路缺少速度管控

图4-94 治理后:完善控速措施

3.完善开口警示

治理前,开口无警示措施,如图4-95所示。治理后,增加反光柔性警示桩,如图4-96所示。

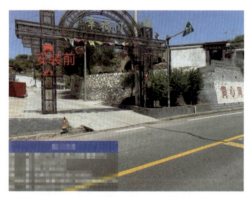

图4-95 治理前:开口无警示措施

图4-96 治理后:增加警示柱

4.完善支路安全设施

治理前,支路无安全设施,如图4-97所示、图4-98所示。治理后,支路完善让行标志,如图4-99所示;支路完善减速丘,如图4-100所示。

(四)成效总结

本案例适用于国道沿线的路侧村口的隐患治理。实际中这类道路接入口十分典型常见,因支路车辆不让行,加之主路上的车辆速度较快,风险较为突出。治理中,通过完善支路让行标志,明确通行规则,化解交通冲突;通过完善主路的标志标线,加强对驾驶人的警示提示，引导安全驾驶；通过在主路施划减速标线，在支路设置减速丘，控制路口的安全车速。经过治理，支路车辆能够让行主路车辆，主路车辆能够及时发现路口，规范行驶，杜绝了强超、强会、逆行、超速等违法行为。

图 4-97　治理前：支路无安全设施（一）

图 4-98　治理前：支路无安全设施（二）

图 4-99　治理后：完善让行标志

图 4-100　治理后：完善减速丘

二、安徽省合肥市肥东县 326 省道曹周路路侧接入口

（一）道路基本情况及问题分析

1. 基本情况

326省道是滁州通往合肥的交通主干道，为一级公路，路面宽度14m，双向两车道，沥青路面，无中心隔离，设计速度60km/h，道路属于微丘道路的地势情况，呈东西走向。326省道曹周路至解集大街段位于肥东县包公镇境内，与两条村道相接，道路两侧有包公卫生院及包公学校，人员较为集中，属于典型的穿村过镇路段。近五个月车辆通行日均车流量达2300余辆，其中大型车辆300余辆，占总车流量的比例约为1/8，一天中高峰流量时段为11:00—15:00；车辆平均运行速度为55km/h。

2.主要问题

（1）缺少警示提示。主路、支路均没有警示提示标志，因路口较小，主路的驾驶人难以及时发现路口，支路的驾驶人缺少让行意识，直接驶入主路，容易与主路车辆碰撞。

（2）缺少速度控制。主路的车速较快，驾驶人在途经路口时遇突发情况来不及制动减速，支路同样缺少控速设施，汇入主路的车辆速度较快，存在隐患。

（3）夜间照明不良。该路段沿线有卫生院、学校等，行人过街需求大，但夜间照明情况不佳，驾驶人在夜间难以及时发现过街行人，夜间安全风险高。

（二）优化方案

1.治理思路

针对缺少警示提示的问题，完善交通标志标线，加强行车风险告知和安全行车引导；针对缺少速度控制的问题，完善速度管控措施；针对夜间照明不良的问题，完善照明设施；同时，通过科技设备的运用，加强路口来车提示，进一步加强安全防护。

2.优化设计图

优化设计方案如图4-101所示。

3.具体措施

（1）完善主路警示提示。在接入口处提前增设警告标志，加强警示；在路段两端增设限速标志、路口处施划连续振动减速标线，提醒车辆减速慢行。

（2）完善支路警示提示。在支路口内设置让行标志，提醒支路车辆让行，设置减速丘，强制支路车辆减速，同时完善路口的道口标柱、爆闪灯，视距不好的路口增设凸面镜。

（3）改善照明条件。路段增加路灯，改善夜间照明。

（4）增设会车预警系统。在事故多发、易发的路口设置会车预警系统，自动监测、提示路口来车情况，进一步加强安全防护。

（三）效果分析

1.完善主路警示

治理前，主路无警示措施，如图4-102所示。治理后，增设爆闪灯，如图4-103所示。

图4-101 优化设计方案

图4-102 治理前：主路缺少警示

图4-103 治理后：增设爆闪灯

2.完善主路车速控制

治理前,主路无减速标线,如图4-104所示。治理后,主路增设减速标线,如图4-105所示。

图 4-104　治理前:主路缺少速度管控

图 4-105　治理后:主路增设减速标志,施划减速标线

3.保障开口安全视距

治理前,路侧绿化遮挡驾驶视线,导致接入口隐蔽,如图4-106所示。治理后,清理影响驾驶视线的绿化,接入口视距改善,如图4-107所示。

图 4-106　治理前:绿化遮挡驾驶视线

图 4-107　治理后:清理影响驾驶视线的绿化

4.完善支路管控措施

治理后,支路口增设让行标志、减速丘、道口标柱、凸面镜等,完善标线,清理路侧杂草,如图4-108所示。

图 4-108　治理后：增设让行标志、减速丘、道口标柱、凸面镜等，完善标线，清理路侧杂草

5.治理后俯拍图

治理后整体效果如图4-109所示。

图 4-109　治理后俯拍图

（四）成效总结

本案例适用于沿线路侧接入口密集路段的隐患治理。此类路段主线行车速度快，路侧接入口多，进出支路车辆对主线交通造成较大干扰，形成事故隐患。治理中，通过设置路口警告标志，施划减速标线，加强对主路驾驶人的提示引导；通过设置停车让行标

志、减速丘，加强对支路驾驶人的提示引导；同时，加强夜间照明，运用科技手段提示来车风险，进一步加强了安全性。经过治理，主路驾驶人能够知晓路段沿线有接入口，注意观察、谨慎驾驶，支路驾驶人能够在路口停车让行，路口的秩序得到保障，交通冲突得到化解。

三、广西桂林市灌阳县241国道K2777路侧接入口

（一）道路基本情况及问题分析

1.基本情况

该路口位于灌阳县新圩镇G241线K2777至K2777+100m处，为十字形路口。国道呈南北走向，南往恭城县方向，北往全州县方向，呈东西走向，西往新圩镇新卫村长度屯方向，路口内为村道。国道技术等级为二级，路基宽度为11.4m，路面宽度为7m，沥青路面，设计速度60km/h，划有道路中心单虚线，双向两车道。

事故形态主要为轻型厢式货车与小型面包车侧面碰撞（直角）、小型客车与摩托车侧面碰撞。

2.主要问题

（1）缺少交通控制。该路口既没有设置交通信号灯，也没有设置让行标志，不同方向的车流存在严重交通冲突，形成安全隐患。

（2）缺少警示提示。该路口缺少警示提示标志，特别是主路车辆速度较快，驾驶人无法及时获得路况信息，预判风险，遇突发情况来不及制动减速。

（3）路侧防护不足。灌阳县往全州县方向道路西侧临崖，临崖高度3.5m，长度60m，无防护栏，车辆容易冲出路外翻坠。

（二）优化方案

1.治理思路

针对缺少交通控制的问题，结合路口实际，通过在支路完善让行标志，规范交通秩序，化解冲突风险；针对缺少警示提示的问题，增设相关的标志标线，提示驾驶人注意行车风险、减速慢行；针对路侧防护不足的问题，在险要点段安装护栏。

2.具体措施

（1）完善主路设施。在主线设置禁止超车（解除）标志，防止车辆强超、强会进一步加剧风险，设置路口警告标志和村庄警告标志，加强风险提示，设置慢行标志引导减

速慢行。将道路中心线由黄虚线改为黄实线，规范行车秩序，施划减速标线，引导减速慢行；在道路西侧临崖路段增设防护栏60m。

（2）完善支路设施。在支路增设让行标志牌、让行标线，完善交通控制，设置减速丘强制减速，设置爆闪灯增加警示，设置会车预警系统加强来车安全提示。

（三）效果分析

1.加强主路风险告知

治理前，主路缺少风险告知，如图4-110、图4-111所示。治理后，增设注意村庄标志、慢行标志，如图4-112所示；增设十字路口警告标志、爆闪灯，如图4-113所示。

图4-110　治理前：主路缺少风险告知

图4-111　治理前：主路缺少风险告知

图4-112　治理后：增设注意村庄标志、慢行标志

图4-113　治理后：增设十字路口警告标志、爆闪灯

2.规范主路行车秩序

治理前，道路中心线为虚线，如图4-114所示。治理后，增设禁止超车标志，道路中心线为实线，如图4-115所示。

3.完善支路驶出车辆管控

治理前，支路口仅设置减速丘，如图4-116所示。治理后，完善让行标志，会车预警系统，如图4-117所示。

图4-114　治理前：道路中心线为虚线

图4-115　治理后：增设禁止超车标志，道路中心线为实线

图4-116　治理前：支路口仅设置减速丘

图4-117　治理后：完善让行标志，会车预警系统

4.治理后俯拍图

治理后整体效果如图4-118所示。

（四）成效总结

本案例适用于主干公路穿越村庄的路侧接入口隐患治理。此类路口缺少交通控制，交通冲突明显，且车辆速度差大，安全隐患突出。治理中，通过设置路口警告标志，提示安全风险；通过设置禁止超车（解除）标志，施划道路中心实线，防止强超强会，规范行车秩序；通过在支路设置让行标志、减速丘，引导支路车辆让行、慢行；通过设置护栏，完善路侧安全防护；通过设置会车预警系统，加强来车提示。经过治理，路口警示提示效果增强，支路驾驶人能够减速让行，主路沿线的路侧险要路段也得到治理，路侧安全防护增强。

图 4-118 治理后俯拍图

第三篇

突出问题专项提升

本篇主要针对普通公路点段存在的突出问题或某方面的特定隐患进行专项治理,如公路沿线有幼儿园、"马路市场"、路口货车右转问题、恶劣天气交通管理不完善、道路横断面突变等。在采取基础治理措施之外,阐述包括规划公路沿线停车位、开挖山体保障视距、监测预警发布交通气象信息、改善路面抗滑性等针对性治理措施,有效解决突出问题与隐患。

第五章

公路点段其他突出风险与隐患排查重点、隐患治理措施综述

一、与桥梁邻接路段

1. 存在风险

车辆冲出路外翻坠的风险。

2. 隐患排查重点

一是路基路段与桥梁路段衔接处的横断面变化情况。

二是路侧是否有安全防护。

3. 隐患治理措施

一是采取警示措施,提早告知驾驶人前方路况的变化,引起驾驶人警觉。

二是完善路桥过渡段防护栏,相邻路基段未设置护栏时,应通过适度外展桥梁护栏,或在路基段增设一段护栏与桥梁护栏进行搭接过渡,防止车辆冲出路外或碰撞迎车面桥梁护栏端头。

二、沿线有幼儿园、学校等人员密集机构的路段

1. 存在风险

车辆随意停放导致交通秩序混乱带来的事故风险。

2. 隐患排查重点

道路沿线的停车交通组织情况。

3. 隐患治理措施

一是在公路沿线不影响车辆正常通行的位置规划停车场或临时停车位。

二是加强乱停车执法,规范停车秩序。

三、货车右转流量大的路口

1. 存在风险

货车右转时因视线盲区导致的碾压、刮撞非机动车的事故风险。

2.隐患排查重点

一是货车右转的警示提示。

二是对于非机动车的隔离及保护。

3.隐患治理措施

一是设立"货车右转停让"提示。

二是设置非机动车过街等待安全区。

三是完善机非隔离护栏,加强对非机动车的保护。

四、视距不足的路侧开口

1.存在风险

视距不良引发的路口碰撞事故。

2.隐患排查重点

路口通视三角区是否通透。

3.隐患治理措施

进行工程改造,通过开挖山体、移除障碍物等方式,或设置视距补偿设施,如凸面镜,保障路口的通视三角区。

五、行人过街流量大的点段

1.存在风险

机动车碰撞过街行人的事故风险。

2.隐患排查重点

一是行人过街设施是否完善,以及行人过街设施位置与行人过街实际需求是否匹配。

二是人行横道的设置位置应符合行人过街的习惯和规律。

3.隐患治理措施

一是合理设置过街设施。

二是完善人行横道交通信号灯。

六、恶劣天气高影响路段

1.存在风险

因恶劣天气带来的负面影响,如路面湿滑,能见度降低等带来的事故隐患。

2.隐患排查重点

是否配置了天气监测设备以及相关信息提示发布设施。

3.隐患治理措施

针对性完善科技设备,进行交通气象监测、研判,及时发布安全预警信息,并采取控速、安全诱导、警示提示等措施。

七、公路两侧"以路为市"的马路市场路段

1.存在风险

车辆碰撞路侧行人、摊位事故风险。

2.隐患排查重点

一是集市是否侵占道路空间。

二是车辆是否存在随意停放现象。

三是是否存在行人随意穿行公路现象。

3.隐患治理措施

一是在公路外规划专门的市场用地。

二是完善配套的停车设施。

三是规范行车、停车秩序。

四是完善行人过街设施,规范过街秩序。

八、路面湿滑路段

1.存在风险

路面湿滑对行车安全的影响,主要表现在车辆失控导致的事故风险。

2.隐患排查重点

路面的技术状况,摩擦系数与抗滑性能是否满足安全行车要求。

3.隐患治理措施

进行路面工程改造,提高路面的摩擦系数与抗滑性。

九、横断面突然变窄的路段

1.存在风险

驾驶人反应不及导致车辆冲出路外或碰撞障碍物事故风险。

2.隐患排查重点

一是道路横断面的变化情况。

二是警示提示标志,过渡标线等是否设置。

三是路侧防护情况。

3.隐患治理措施

一是完善路面变化的警告标志。

二是在横断面变窄处完善引导标线。

三是完善过渡性护栏。

第六章

公路点段其他隐患排查与治理案例

第一节　强化桥梁邻接路段安全防护

天津市东丽大道跨河路段：

（一）道路基本情况及问题分析

1. 基本情况

东丽大道路段位于天津市东丽区，该路段为东西走向，二级公路，道路宽27m，车道四条，路面为柏油铺装路面，设计速度为80km/h，线形平直，与桥梁连接，桥梁处道路变窄。近五个月日均流量达到5000辆，日高峰流量时段为7:00—09:00、16:00—18:00；车辆平均运行速度约为50km/h。

2. 主要问题

（1）警示设施不完善。道路存在横断面突然变窄的情况，但是没有相应的警告标志，驾驶人无法提前知晓道路变窄信息，预判应对，车辆行经此路段容易冲出路外。

（2）防护设施不完善。路段临河，路侧的安全防护不足，车辆容易冲出路外翻坠，同时道路横断面变化处缺少过渡性安全防护。

（二）优化方案

1. 治理思路

针对警示设施不完善的问题，完善交通标志，对路面变窄的情况予以警示告知，给予驾驶人足够的反应时间，增设声光预警设施，加强夜间警示效果；针对防护设施不完善的问题，完善临水路段的安全防护，针对道路变窄加强过渡性防护，并完善控速设施。

2. 优化设计图

优化设计方案如图6-1所示。

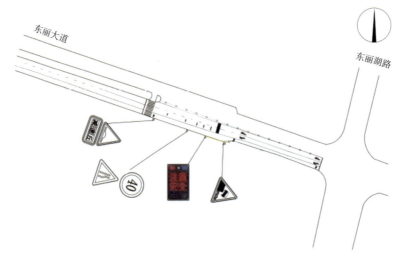

图6-1 优化设计方案

3.具体措施

（1）完善交通标志标线。增设临水路段、右侧变窄等警告标志，加强风险提示，在路段施划减速标线，控制安全车速。

（2）完善路侧护栏。在临水路段增设路侧护栏，防止车辆冲出路外坠河，在桥梁路面变窄处设置反光防撞桶，防止车辆碰撞护栏端头。

（3）增设科技设备。增设声光预警设施，增强夜间警示效果。

（三）效果对比分析

1.完善安全防护

治理前，路侧缺少防护栏，如图6-2所示。治理后，增设路侧护栏，完善波形梁护栏与混凝土护栏安全过渡，并设置声光警示设备，如图6-3所示。

图6-2 治理前：路侧缺少防护栏

图6-3 治理后：完善路侧防护

2.加强警示提示

治理前，路侧无警告标志，无速度管控措施，如图6-4所示。治理后，增设道路变窄警告标志，临水路段警告标志与限速标志，路面完善减速标线如图6-5所示。

图6-4 治理前：路侧无警示标志

图6-5 治理后：完善警示标志

（四）成效总结

本案例适用于警示设施、防护设施不足，存在道路横断面变窄情况的临水路段，此类路段横断面突变，驾驶人来不及做出反应，车辆一旦冲出路外坠河，后果严重。

治理中，通过完善路面变窄警告标志，声光警示设施，告知该路段行车风险，引起驾驶人警惕；通过完善路侧护栏，对横断面突变路段进行路侧过渡性保护，防止车辆冲出路外，消除车辆坠河隐患；通过施划减速标线，控制路段的安全车速。

经过治理，驾驶人能够提前知晓前方路况信息，谨慎驾驶，路侧安防设施得到完善，能够有效防止车辆冲出路外。

第二节 保障公路沿线停车需求

河北省保定市庆都东路张家村幼儿园路段：

（一）道路基本情况及问题分析

1.基本情况

庆都路为东西走向双向四车道，道路中央由绿化带隔开。张家村幼儿园紧邻路口北侧边缘，学校正门口直通庆都路，门口空间狭小且被绿化带填充，庆都路车流量相对较小，近期小时流量初步统计为800辆，主路车辆通行速度约60km/h。

该路段虽然车流量较小，但是车速较快，接送孩子的车辆在道路随意停放，驾驶人停车后，下车横穿公路的现象多，影响交通秩序，安全隐患突出。

2.主要问题

（1）车辆乱停乱放问题。在接送孩子的高峰期，幼儿园门口的停车需求大，由于道路没有规划车位，车辆随意停放，有的侵入道路通行空间，影响交通，造成安全隐患。

（2）行人过街安全问题。幼儿园门口的行人过街需求大，但是缺少人行横道线等过街设施，行人随意穿行公路现象多，对主线交通造成干扰，同时也形成事故风险。

（3）缺少警示提示问题。该路段属穿村过镇路段，行人、非机动车出行多，与机动混行，车辆通过速度较快，警示不足，同时也缺少减速设施。

（二）优化方案

1.治理思路

针对车辆乱停乱放的问题，充分挖掘道路停车资源，在路侧规划临时停车位，并加强告知引导，使得路侧停车规范有序；针对行人过街安全问题，完善过街设施并加强提示预告，拓宽幼儿园门前的路肩扩大安全空间；针对缺少警示提示的问题，完善相关交通标志，控制路段行车速度。

2.优化设计图

优化设计方案如图6-6所示。

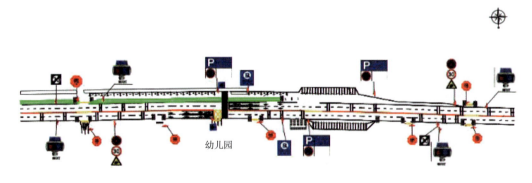

图6-6　优化设计方案

3.具体措施

（1）规划路侧停车位。利用幼儿园对面非机动车道及主路两边空间，规机动车、非机动车限时停车位，完善配套的提示告知标志，安装监控抓拍设施，保障上下学期间车辆有序停放。

（2）完善过街设施。在幼儿园门口设置人行横道线，规范行人过街秩序，同时设置人行横道预告标志标线、停止线、黄色网格线，拓宽了硬路肩，保障行人过街安全。

（3）加强警示提示。进入幼儿园路段前安装黄闪灯、限速标志、注意行人标志，路面施划横向振动减速带，警示提示驾驶人谨慎慢行。

（三）效果对比分析

1.解决随意停车问题

治理前，路侧随意停车如图6-7所示；治理后，规划临时停车位，供接送孩子使用，如图6-8所示。

图6-7　治理前：路侧随意停车　　　　　图6-8　治理后：增设临时停车位

2.解决警示不足问题

治理前，警示提示不足，如图6-9；路面标线不完善，如图6-10所示。治理后，增加警示标志和黄闪灯，如图6-11所示；完善路面交通标线，如图6-12所示。

图6-9　治理前：警示提示不足　　　　　图6-10　治理前：路面标线不完善

图 6-11 治理后：增加警告标志

图 6-12 治理后：完善交通标线

3.解决行人过街问题

治理前，幼儿园门口无行人过街设施，如图6-13所示。治理后，完善人行横道线及配套警示、降速措施，如图6-14所示。

图 6-13 治理前：无行人过街设施

图 6-14 治理后：完善过街设施

（四）成效总结

本案例适用于穿村过镇、道路停车需求大的路段。此类路段车辆乱停乱放现象、行人随意过街现象普遍，干扰主线交通，造成安全隐患。

治理中，通过规划临停车位，满足停车需求的同时引导车辆有序停放，改善停车秩序；通过完善行人过街设施，保障行人过街安全；通过完善交通标志、减速标线，引导驾驶人注意观察、减速慢行。

经过治理，在接送孩子高峰期间车辆能够在临停车位有序停放，不干扰主线交通，行人过街安全得到了保障。

第三节　解决货车右转安全问题

南京浦六南路与葛关路交叉口：

（一）道路基本情况及隐患分析

1.基本情况

浦六南路（X021）葛关路交叉口位于江北大道西侧临近雍庄枢纽。浦六南路为县道，双向两车道；葛关路为主干道，双向四车道。浦六南路为通往雍庄枢纽的重要道路，往来货车较多，同时路口非机动车流量比较大，易发生交通事故。

2.主要问题

（1）缺少安全提示。货车右转缺少安全引导，驾驶人未能观察停让，由于货车存在较大视线盲区，右转时驾驶人无法观察到车辆右侧的行人、非机动车等，事故隐患突出，如图6-15所示。

图6-15　非机动车及行人保护不完善

（2）缺少机非隔离。交叉口仅在南侧进口道方向设置了机非隔离栏（红色区域），未设侧分带的出入口（黄色区域）均未设置机非隔离护栏，货车转弯时极易进入非机动车车道，造成安全事故，如图6-16所示。

图6-16　缺少机非隔离

（3）停止线设置位置不合理。停止线距人行横道线过近，导致大型车辆起动时不易观察车头前的行人及非机动车，容易引发交通事故，如图6-17所示。

图6-17　停止线位置不合理

（二）优化方案

1.治理思路

采取"控右转、隔车流、拓空间"的治理思路，针对缺少安全提示的问题，安装警示提示标志，告知引导货车驾驶人在右转前停车观察；针对缺少机非隔离的问题，完善路口的机非隔离护栏，规范货车右转的行驶路线，防止剐撞碾压等待过街的非机动车及行人；针对停止线设置位置不合理问题，优化调整设置。

2.优化设计图

优化设计方案如图6-18所示。

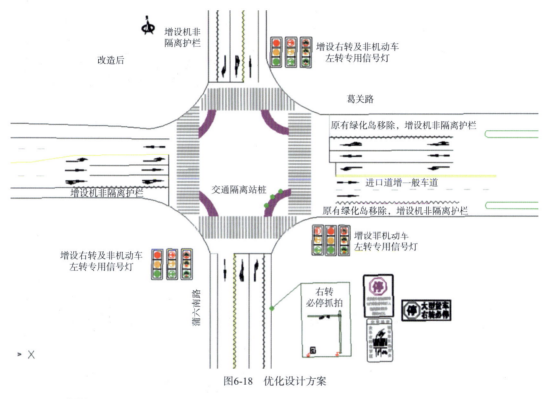

图6-18 优化设计方案

3.具体措施

（1）加强警示提示。在路口设置大型货车"右转必停"的警告标志，强制大型货车在右转前停车观察，确保安全后转弯。

（2）完善机非隔离。北、西、东侧进口道增设或补全机非隔离护栏，有效分隔货车右转车流与非机动车流，在货车右转路径边缘设置警示桩。

（3）优化交通标线。扩大停止线与人行横道线之间的距离，便于货车驾驶人观察前方非机动车和行人。

（三）效果对比分析

1.完善货车右转停让提示

治理前，无货车右转停让提示，如图6-19所示；治理后，增设会货车右转停让提示，如图6-20所示。

图6-19 治理前：无货车右转停让提示

图6-20 治理后：增设货车右转停让提示

2.完善非机动车等待保护区隔离

治理前，车辆右转区域无机非隔离防护，如图6-21所示。治理后，增设车辆右转区域机非隔离防护，如图6-22所示。

图6-21 治理前：货车右转区域无机非隔离

图6-22 治理后：货车右转区域完善机非隔离

3.完善路口机非隔离护栏

治理前，部分方向机非隔离护栏缺失，如图6-23所示。治理后，补齐机非隔离护栏，如图6-24所示。

图6-23 治理前：机非隔离护栏缺失

图6-24 治理后：补齐机非隔离护栏

（四）成效总结

本案例适用于货车右转多的路口，货车因车身高大，存在明显盲区，在右转时无法发现邻近的非机动车和行人，从而易导致碾压，这类事故十分典型和突出。

治理中，实行的"控右转、隔车流、拓空间"的治理思路，即设置货车右转必停标志、增加机非隔离、退后停止线设置位置。

经过治理，货车驾驶人在右转时能够停车让行，机非隔离设施得到完善，停止线位置的优化解决了货车盲区的安全问题。

第四节　清除视距不良安全隐患

江西省赣州市崇义县 G220 线 K2064+960m "三角视距不良" 路侧开口：

（一）道路基本情况及问题分析

1.基本情况

G220过埠至金坑K2064+960m，地点位于江西省赣州市崇义县金坑乡红胜村长坑组平交路口，G220呈南北走向，北往上犹县营前镇，南往崇义县金坑乡，道路为双向两车道，标志标线齐全，道路中心施划黄单线，路宽7m，沥青路面；交叉口东往长坑组，路口设有停车让行标志，往长坑组方向为坡道，道路为机非混合道，无道路中心线，路口路宽13.2m，水泥路面。

2.主要问题

（1）视距严重遮挡。该平交路口长坑组村道进入G220时左侧受山体遮挡严重，且前往G220时车辆需冲坡进入，主路与支路驾驶人均无法观察相交道路来车情况。

（2）缺少交通控制。路口既没有交通信号灯，也没有让行标志，主路、支路车辆存在冲突，加之视距不良，事故风险十分突出。

（3）警示提示不足。由于视距不良且路口较小，导致路口隐蔽，主线车辆速度较快，缺少安全警示提示，驾驶人遇紧急情况来不及反应。

（二）优化方案

1.治理思路

针对路口视距严重遮挡问题，实施工程改造，以彻底消除视距不良隐患；针对缺少交通控制的问题，完善让行标志，明确路权；针对警示提示不足的问题，增设相关设施警示过往车辆。

2.优化设计图

优化设计方案如图6-25所示。

3.具体措施

（1）工程改造保障视距。挖掘遮挡视距的山体，拓宽路口，从3.5m拓宽至30m。同时对支路进行降坡处理，消除冲坡现象。

（2）完善路口交通控制。在支路设置让行标志，明确支路让主路的通行规则，消除路口交通冲突。

（3）加强警示控制车速。在主路增设路口警告标志，施划减速标线，在交叉口增设爆闪灯，在支路增设让行标志、减速丘。

图6-25 优化设计方案

（三）效果对比分析

1.有效解决路口通视不良问题

治理前，路口视距被山体遮挡，严重不良，如图6-26所示。治理后，削减山体改善视距,如图6-27所示。

图6-26 治理前:路口视距严重不良

图6-27 治理后:削减山体改善视距

2.有效解决路权不明问题

治理前,支路缺少安全设施,如图6-28所示。治理后:完善支路停车让行标志和减速丘,如图6-29所示。

3.有效解决警示不足问题

治理前,主路警示不足,如图6-30所示。治理后,主路增设爆闪灯,如图6-31所示。

图6-28 治理前:支路安全设施不完善

图6-29 治理后:完善安全设施

图6-30 治理前:主路警示不足

图6-31 治理后:主路增设爆闪灯

(四)成效总结

本案例适用于存在严重视距遮挡的小路口,路口治理前视距被山体遮挡,通视三角区严重遮挡,常规手段无法从本质上解决视距问题。

治理中，通过开挖山体、支路降坡，从根本上解决了视距不良问题，让驾驶人"看得见"；通过警示降速，引导驾驶人安全通过路口。同样情形的路口治理可借鉴参考。

经过治理，路口拓宽，支路冲坡的现象消除，从而有效地增加了视距范围，同时，路口警示提示效果得到增强。

第五节　改善行人过街安全

福建省泉州市南安市国道 358 线榕桥中学路口：

（一）道路基本情况及问题分析

1. 基本情况

国道358线K63+100m（南安市柳城街道宝丰石材榕桥中学路口），道路技术等级二级，道路属于微丘地势，路基50m，路面宽24m，双向六车道，无连接桥梁、涵洞、隧道，道路两侧设置绿化带辅道及人行道，路中设置绿化带隔离及开口，道路南北走向，设计速度60km/h，南往南安市官桥镇方向，北往南安市区方向，东往榕桥中学方向，西往宝丰石材厂区。该路口车流量较大，总体运行秩序良好。

2. 主要问题

（1）人行横道设置位置不当。路口虽设置了人行横道线，但位置选择不合理，没有考虑行人的过街习惯，实际中，行人为了过街方便，并不从人行横道线的位置过街，造成过街安全隐患。

（2）路口结构不合理。该路口交通组织原为两个开放的错位T形路口，两侧支路左转与直行车辆需斜穿国道主线，与主线交通冲突点较为突出，且视距不良，不仅影响通行效率，也存在一定的安全隐患。

（3）基础交通安全设施不完善。该路口属榕桥中学校园出入口范围，交通信号灯应设未设，部分路面交通标线磨损、缺失，部分交通标志损坏。

（二）优化方案

1. 治理思路

针对人行横道线位置不当的问题，结合行人过街习惯重新设置人行横道线；针对路口结构不合理的问题，对路口进行工程改造，调整中央开口位置，减少路口畸形带来的不利影响。针对基础交通安全设施不完善的问题，增加行人过街信号灯，完善路口标志标线，增加电警设备。

2.优化设计图

优化设计方案如图6-32所示。

图6-32　优化设计方案

3.具体措施

（1）保障行人过街安全。根据行人过街的习惯，重新设置两条人行横道线。在过街斑马线新增AI智能语音播报科技设备，在学生及居民候灯过街时自动通过普通话、闽南语进行过街安全提醒。

（2）改善路口结构。对路口进行改造，调整中央绿化带开口位置，并对路口进行渠化设计，减少支路车流汇入对主线交通的影响。

（3）完善交通安全设施。新增交通信号灯，确保榕桥中学学生上下学过街的通行路权。通过配套电子警察设备，提升主线车辆的守法率，完善主路的行人过街预告、注意行人警告标志，施划减速标线。

（三）效果对比分析

1.优化人行横道线设置位置

治理前，人行横道位置不合理，如图6-33所示。治理后，调整人行横道设置位置，如图6-34所示。

图 6-33　治理前：人行横道位置不合理

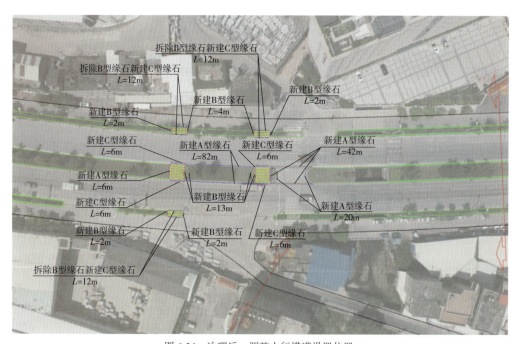

图 6-34　治理后：调整人行横道设置位置

2.设置行人过街信号灯

治理前，缺少行人过街信号灯，如图 6-35 所示。治理后，完善行人过街信号灯，如图 6-36 所示。

图 6-35 治理前：缺少行人过街信号灯

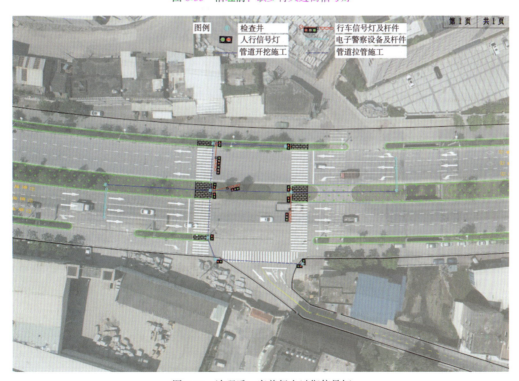

图 6-36 治理后：完善行人过街信号灯

3.完善路口渠化标线

治理前，路口交通标线不完善，如图6-37所示。治理后，渠化设计，完善路口交通标线，如图6-38所示。

图 6-37　治理前：交通标线不完善

图 6-38　治理后：完善交通标线

（四）成效总结

本案例适用于行人过街流量大的城镇化国省道路口路段，由于人行横道设置位置不合理，导致居民不走人行横道，而是随意横穿公路，造成安全隐患。

治理中，通过重新设置人行横道线，完善交通信号灯，改善过街安全条件；通过科技设备的使用，进一步提高行人过街的守法率；通过对路口实施改造，优化路口结构，减少交通流之间的干扰。

经过治理，行人过街有序且安全，随意横穿公路的现象消失，机动车在行经此路段时能够减速慢行。

第六节　有效应对恶劣天气多发

河南省洛阳市栾川县311国道小响路项山村路段：

（一）道路基本情况及问题分析

1.基本情况

311国道K899—K903栾川县合峪镇刘扒店段，总体走向为东西走向，为沥青混凝土路面，路基宽15m，路面宽12m。该路段自西向东高点海拔810m，低点海拔678m，属于山岭重丘区长下坡、急弯陡坡路段。一旦遇高速封闭，该路段是进出栾川唯一通道，车流量大，据统计，该路段日最高交通流量达8650辆/日。

近年来，该路段受恶劣天气及交通状况影响较大。

2.主要问题

（1）恶劣天气应对能力不足。该路段恶劣天气易发，道路时常积雪结冰、路面湿滑、易产生团雾，极易造成事故和大面积长时间道路拥堵，而在管理方面缺少应对办法，只能加派警力应对，效果不佳。

（2）基础交通安全设施不完善。道路标志标线不全，无法提前告知驾驶人前方路况，引起驾驶人的警惕，提前预判风险，缺少对驾驶人的安全诱导，驾驶人无法及时采取应对措施。

（二）优化方案

1.治理思路

针对恶劣天气应对能力不足的问题，采取气象监测、气象研判、气象预警、措施干预的管理机制，完善相关设施设备，提升恶劣天气交通管控水平。针对基础交通安全设施不完善的问题，完善警示提示标志，加强对驾驶人的安全行车诱导。

2.优化设计图

优化设计方案如图6-39、图6-40所示。

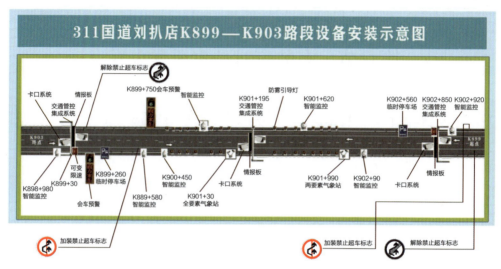

图6-39 优化设计方案

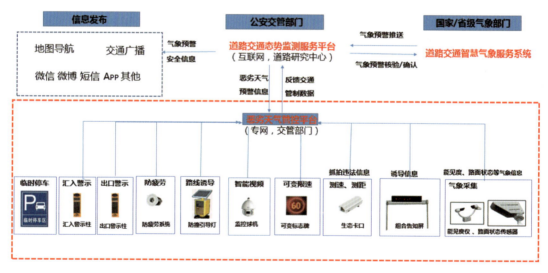

图6-40 优化设计方案

3.具体措施

（1）安装恶劣天气管控设施。在路段安装小型气象站，实时监测天气情况，安装可变信息情报板，对交通气象进行提示，告知驾驶人安全注意事项，安装雾区引导系统、可变限速标志，及时干预驾驶人行为，引导安全驾驶。

（2）完善交通安全基础设施。在该路段全段施划振动减速标线和长下坡路段路面提示语、安装限速标志、禁止超车及配套解除标志。

(三)效果对比分析

1.有效解决恶劣天气预警不足问题

治理前,无气象信息发布设备,如图6-41、图6-42所示。治理后,设置小型气象站,如图6-43所示;设置动态信息情报板,如图6-44所示。

图6-41 治理前:无气象信息发布设备

图6-42 治理前:无气象信息发布系统

图6-43 治理后:设置小型气象站

图6-44 治理后:设置动态信息情报板

2.有效解决警示提示不足问题

治理前,无提示警示措施,如图6-45所示;无科技设备,如图6-46所示。治理后,加强路况提示,如图6-47所示;设置会车预警设备,如图6-48所示。

图6-45 治理前:无提示警示措施

图6-46 治理前:无科技设备

图6-47 治理后：加强路况提示

图6-48 治理后：设置会车预警系统

3.有效解决车速过快问题

治理前，无速度管控措施如图6-49所示、图6-50所示。治理后，施划减速标线，如图6-51所示；完善地面文字提示，提示长下坡注意车速，如图6-52所示。

图6-49 治理前：无速度管控措施

图6-50 治理前：无速度管控措施

图6-51 治理后：施划减速标线

图6-52 治理后：完善路面提示

（四）成效总结

本案例适用于恶劣天气多发的山区公路，天气的不利因素与弯坡线形等不利因素叠加，导致交通安全隐患突出。

治理中，通过建设公路气象站，分析研判信息，对交通气象进行监测预警，同步配套LED显示屏、可变限速、安全驾驶引导设备等，及时发布预警提示，提升恶劣天气交通管理水平；通过完善标志标线，规范行车秩序，加强警示提示。

经过治理，该路段的恶劣天气应对能力明显提高，驾驶人能够获得交通气象信息，按照安全提示和指引驾驶，事故风险降低。

第七节　清理马路市场　消除安全隐患

重庆市合川区212国道七间场镇马路市场路段：

（一）道路基本情况及问题分析

1.基本情况

重庆市合川区212国道七间场镇段位于兰渝线合川境内K1154.5—K1157处，主干道为212国道，南北走向，公路宽度12m，双向两车道，内侧硬路肩宽均为2m，道路两侧人行道平均宽度4.5m，路段平均坡度2%，坡长1.2km，急弯路段半径约120m，车流量日均5000余辆，其中大型车600余辆，道路两侧为集镇。

2.主要问题

（1）违法占道经营。商贩在公路两侧占用路肩摆摊经营，很多摊位甚至侵入行车道，挤占了公路行车空间，干扰了车辆正常通行。

（2）交通秩序混乱。机动车随意减速靠边停车，进一步占据道路空间，并且对正常通行车辆造成严重干扰，行人随意横穿公路现象多，安全隐患大。

（3）警示提示不足。路段穿村过镇，缺少警示标志，未能引起驾驶人警惕，缺少减速设施，过往车辆速度快，易造成死亡事故。

（二）优化方案

1.治理思路

针对违法占道经营的问题，取缔清理马路市场，防止摆摊占道，保障道路正常通行空间；针对交通秩序混乱的问题，规划专用停车场，杜绝乱停乱放，增设行人过街设施，完善行人过街秩序；针对警示提示不足的问题，完善警告标志、减速标线，引导车辆注意观察、减速慢行。

2.优化设计图

优化设计方案如图6-53所示。

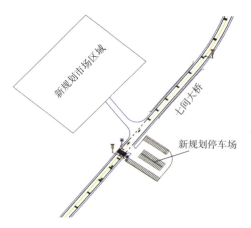

图6-53 优化设计方案

3.具体措施

（1）迁移马路市场，规范停车。取缔公路两侧原有的马路市场，规划专门的市场用地，并且建设专用的停车场，消除以路为市带来的交通安全隐患，规范停车秩序。

（2）增设道路中央隔离。路段增设中央隔离防撞护栏，降低车辆速度，防止车辆随意掉头变道，杜绝行人随意横穿公路。对端头处进行渠化并增设警示提示标志，避免车辆撞向护栏端头。

（3）保障行人安全过街。在行人通行密集的点位施划人行横道线，规范过街秩序，配套设置人行横道预告标志标线、注意行人标志、减速标线等，保障过街安全。

（三）效果对比分析

1.消除以路为市带来的交通安全隐患

治理前，道路两侧以路为市，随意停车，交通秩序混乱，如图6-54所示。治理后，规划专门市场用地与停车场，如图6-55所示。

图 6-54 治理前：以路为市

图 6-55 治理后：规划专门用地

2.规范道路交通秩序

治理前,无中央隔离设施,行人随意横穿道路,如图6-56所示。治理后,设置中央护栏,防止行人随意横穿道路,同步配套设置人行横道,如图6-57所示。

图 6-56　治理前:无中央护栏

图 6-57　治理后:设置中央护栏

3.治理车辆乱停乱放

治理前,车辆沿街随意停放,如图6-58所示。治理后,规划专用停车位,如图6-59所示。

图 6-58　治理前:车辆沿街随意停放

图 6-59　治理后:规划专用停车位

(四)成效总结

本案例中适用于穿村过镇、路侧占道摆摊现象多的路段,此类路段因通行空间被挤占,同时车辆乱停乱放、行人随意横穿公路多,秩序混乱,风险突出。

治理中,通过取缔路侧摊位,保障了道路的正常通行空间;通过规划专门的停车场,解决车辆随意停放的问题;通过设置人行横道线、中央隔离设施,规范了行人过街秩序;通过设置注意行人等警告标志,施划减速标线,引导过往车辆谨慎慢行。

经过治理,公路两侧占道经营的现象已经杜绝,车辆有序停放,行人随意横穿公路现象基本消失,过往车辆减速慢行。

第八节　提高路面抗滑性　应对湿滑路段

贵州省黔南州瓮安县 S206 线果果坪路段：

（一）道路基本情况及问题分析

1.基本情况

贵州省瓮安县 S206 线 K141—K147 段系早年修建的低等级公路。2003 年，实施县际油路改造时利用原路基局部裁弯取直基本达到三级公路的山区典型路段，路基宽度 7.5m，路面宽度 6.5m，最小平曲线半径为 20m，长 5.78km。该路段位于瓮安县城以北，是通往遵义、贵阳市和县内多个乡镇来往的咽喉要道。近年来由于交通流量大增、交通组成复杂以及贵州山区多雨气候等特点，路面易湿滑导致交通事故频发，造成群众社会意见反响强烈。

据统计，近 90% 事故发生在阴雨天气道路湿滑的情况下。

2.主要问题

（1）路面湿滑，车辆易失控。该路段气候环境特殊，阴雨天气多，路面经常处于湿滑状态，路面抗滑性能差，车辆行经此路段时制动距离变长，且容易失控。

（2）警示不足，交通违法多。该路段标志标线不完善，警示效果差，驾驶人超速、强超强会违法行为多发，加之道路急弯多，线形、视距不良，容易导致迎面相撞及车辆失控冲出路外事故。

（3）防护不足，安全存死角。安防设施不满足防护需要，路侧护栏防护等级不足，设置不连续，路侧排水沟无盖板，形成安全隐患。

（二）优化方案

1.治理思路

针对路面湿滑、车辆易失控的问题，积极采用新材料新技术新工艺，提高路面摩擦系数；针对警示不足、交通违法多的问题，完善标志标线，警示、引导驾驶人规范行车；针对防护不足、安全存死角的问题，提升路侧安全防护等级，完善安防设施。

2.具体措施

（1）提高路面抗滑性。采用渗固磨耗层新技术新工艺对全路段沥青路表面加铺抗滑耐磨结构层，提升路面摩擦系数，改善阴雨天气条件下路面抗滑性。

（2）完善标志标线。设置急弯、下坡等警告标志，设置限速标志、减速标线，警示驾驶人控制安全车速，设置禁止超车（解除）标志，并将道路中心线施划为实线，禁止越线，防止强超强会。

（3）加强路侧防护。增加边沟盖板，防止车辆坠入，补齐路侧防撞护栏，按照标准规范要求，对防护能力不足的护栏进行升级替换。

（三）效果对比分析

1.有效解决路面摩擦力较低问题

治理前，原沥青路面摩擦系数不足，路面摩擦系数设计值（BPN）为37，如图6-60所示。治理后，铺设渗固磨耗层，摩擦系数改善，BPN值改善至62，如图6-61所示。

图6-60　治理前：路面抗滑性差

图6-61　治理后：路面抗滑改善

2.有效解决车辆坠入边沟问题

治理前，弯道边沟未设盖板，存在安全隐患，如图6-62所示。治理后，增设边沟盖板，如图6-63所示。

图6-62　治理前：弯道边沟未设盖板

图6-63　治理后：增设边沟盖板

3.有效解决警示防护不足问题

治理前，路面少标线，护栏防护等级不足，如图6-64所示。治理后，完善交通标线，护栏升级，如图6-65所示。

图 6-64 治理前：护栏防护等级不足

图 6-65 治理后：护栏防护升级

（四）成效总结

本案例适用于长下坡、急弯多、路面易湿滑的路段，路面湿滑导致车辆易失控，与线形、视距不良风险叠加，隐患突出。

治理中，通过对路面进行改造，提高摩擦系数，增加抗滑性，防止车辆失控，提升道路本质安全水平；通过完善边沟盖板、加强护栏防护等级，防止车辆坠沟或冲出路外；通过完善标志标线，引导驾驶人规范行车、适当降速。

经过治理，有效提高了路面抗滑性，车辆行经此路段打滑失控的现象得到遏制，同时有效提升了路侧防护水平，车辆冲出路外事故的风险得到遏制。

第九节　化解道路横断面突变安全隐患

新疆喀什莎车县环城路段：

（一）道路基本情况及问题分析

1.基本情况

莎车县环城路（K11+450m—K11+550m）路段，路红线宽度为60m、路基宽度27m（行车道12m、绿化带2×3m、非机动车道2×4m、土路肩2×0.5m），公路等级为二级公路，设计速度为60km/h，沥青铺装路面。

2.主要问题

（1）警示提示不足。道路的横断面突然缩减，由原先的三车道缩减为单车道，但是缺少相应的警示提示，驾驶人容易因反应不及，慌乱操作，导致交通事故。

（2）行车速度过快。此处的行车速度较快，加之路况突然变化，使得驾驶人更加难以观察反应。

（3）缺少安全防护。路侧没有护栏，道路横断面变窄，极易导致驾驶人反应不及，驾驶车辆冲出路外。

（二）优化方案

1.治理思路

针对警示提示不足的问题，告知驾驶人行车风险，明确提示前方道路变窄这一关键信息；针对行车速度过快的问题，通过标志标线，引导驾驶人减速慢行，平稳通过路段；针对缺少安全防护的问题，施划引导标线并完善护栏，进行安全过渡，防止车辆冲出路外。

2.优化设计图

优化设计方案如图6-66所示。

图6-66 优化设计方案

3.具体措施

（1）完善交通标志。增设车道减少（增加）警告标志，及时告知驾驶人前方路况变化；增设禁止超车（解除）标志，规范行车秩序；增设限速标志，控制安全车速。

（2）完善交通标线。施划导流线，起到渐变的作用，引导驾驶人及时变道；施划减速标线，控制安全车速；将道路中心线施划为实线，防止越线强超强会。

（3）完善路侧护栏。在横断面变化的路段安装路侧护栏，加装道路变化诱导提示标，引导驾驶人注意道路变化，并防止车辆冲出路外。

（三）效果对比分析

1.加强警示提示

治理前，车道变窄无警示，如图6-67所示。治理后，增加车道变窄提示标志，并施划渠化标线和减速标线，加强警示，如图6-68所示。

图 6-67　治理前：车道变窄无警示

图 6-68　治理后：加强警示引导

2.完善过渡防护

治理前，路侧缺少防护和诱导，如图6-69所示。治理后，设置车道变窄路段的路侧护栏以及诱导标识，如图6-70所示。

图 6-69　治理前：路侧缺少防护和诱导

图 6-70　治理后：加强路侧防护和诱导

（四）成效总结

本案例适用于车速快，道路横断面突然缩减的路段，由于路况的突然变化，驾驶人容易反应不及，来不及转方向驾车冲出路外，或慌乱中急转方向与其他车辆碰撞。

治理中，通过完善车道减少标志，告知驾驶人行车风险；通过限速标志、减速标线，引导驾驶人减速慢行；通过完善路面导向线，提醒驾驶人及时变道；通过路侧护栏与诱导标志，防止车辆冲出路外。

经过治理，驾驶人能够及时获取路况信息，提前采取安全措施，避免突然变道引发事故或反应不及冲出路外。